Maria Anna Leenen

FÜLLE

Die schöpferische Kraft der Natur
Weisheiten einer Eremitin

Stefan Kraus ofs
in dankbarer Freundschaft
gewidmet

Inhaltsverzeichnis

Frühherbst – Vollherbst – Spätherbst

Winter

„So wie eine Liebende
den Körper des Geliebten
bis ins kleinste kennt und erinnert,
so drängt es auch uns
Liebhaber der Erde,
ihre Geheimnisse zu ergründen
und auszuloten;
eine Art neuer Weltfrömmigkeit
für die Schöpfung
entwickelt sich vor unseren Augen.
Die Erde ist heilig."

Dorothee Sölle 1985[1]

Vorwort

Dieses Buch ist kein Biologiebuch. Es ist auch kein Naturführer oder ein Pflanzenlexikon. Es ist meine persönliche Sicht auf Schöpfung, meine Freude und mein Staunen über ihren berauschenden Reichtum an Schönheit und Offenbarung, den ich mit diesem Buch erzählen und weitergeben möchte. Schöpfung kann außerordentlich faszinierend sein, wenn sich der Blick einmal nicht nur auf die Kräutertöpfchen im Discounter richtet oder auf den Blumenstrauß, der zum Geburtstag verschenkt wird. Nichts gegen Geburtstagsblumensträuße! Aber Schöpfung ist ein solch grandioses Füllhorn an Schönheit, Vielfalt und überquellendem Formenreichtum, dass ein Geburtstagsblumenstrauß bei allem Anziehenden nur einen Hauch davon vermitteln kann.

Mein Blick ist verständlicherweise sehr persönlich und er ist überwiegend geprägt von den Erfahrungen mit der Schöpfung im begrenzten Umfeld der Klause St. Anna, in der ich seit 18 Jahren als Eremitin leben darf. Ein Blick, der tagtäglich über Wiesen und Felder gleitet und in große und wunderbare Waldgebiete schaut, die durchzogen sind von Bächen und kleinen Flüssen mit den dazugehörenden Teichen und Seen. Mein Blick ist subjektiv, natürlich. Das bedeutet für dieses Buch unter anderem auch, dass nicht alle Bereiche und Elemente der Schöpfung hier vorkommen, sondern meist nur sozusagen das, was vor der Haustür lebt und wächst. Das Meer zum Beispiel fehlt dementsprechend fast vollständig in diesen überwiegend meditativen Ausführungen. Und ebenso logisch ist, dass viele Gedanken und Impulse aus meinem Leben in Stille und Gebet erwachsen sind.

Seit ich bewusst denken kann, habe ich Naturvorgänge beobachtet. Mit dem Beginn meines geistlichen Lebens vor jetzt fast 36 Jahren war dies auch in zunehmendem Maß mit den verschiedenen Formen von Meditation verbunden. Über die Jahre nahm dabei nicht nur mein Wissen um Abläufe und Formen des Zusammenspielens in der Schöpfung zu. Immer mehr wurde Schöpfungsmeditation zu einer Art Spiegel, der mir mich selbst und mein Leben auf manchmal verblüffende Weise reflektierte, vieles zurückspiegelte. Nicht ohne mich ab und zu auch zu konfrontieren mit zum Beispiel falschen geistlichen Wegen. Was auch zur Folge hatte, dass ich Schöpfungsmeditation als eine Weise erfahren durfte, die nicht nur durch die Wahrnehmung der Schöpfungsschönheit Freude und Entspannung schenkte und schenkt, sondern auch mein inneres Leben intensivierte und die Kraft für die Bewältigung des Alltags verstärkte und immer wieder erneuerte. In diesem Sinne kann das stille, nachdenkliche Schauen auf einen Grashalm, der zwischen den Pflastersteinen vor der Haustür wächst, einen starken und Mut machenden Impuls geben. Einen Impuls, der zu einer Art Unterrichtsstunde in Lebensfreude wird.

Ich gehe in den hier vorliegenden Texten entlang des Phänologischen Kalenders, der anders als der astronomische Kalender die Jahreszeiten nach den Erscheinungen, den Phänomenen in der Pflanzenwelt einteilt, wie zum Beispiel Austrieb, Blüte und Frucht. Diese Vorgehensweise scheint mir passender zu sein für ein Buch über Schöpfung, bei dem sich wie hinterlegt mit einer Folie oder einem Film immer wieder die Frage stellt nach dem, was den Menschen selbst antreibt, welche (im übertragenen Sinne) Blüte und Frucht es in und mit seinem Leben geben könnte. Der phänologische Kalender gibt aber nicht nur (zumindest in Deutschland seit 1951) Aufschluss zum Beispiel über die passenden Termine für Aussaat und Pflanzenschutz. Immer mehr weist er vor allem auf die Auswirkungen des Klimawandels hin. In den letzten Jahren haben diese von uns Menschen gemachten gravierenden Veränderungen mit dem beängstigenden Ausmaß des Artensterbens und zusammen mit dem daraus folgenden zwingend notwendigen Einsatz für den Umweltschutz auf breiter Front an öffentlichem Interesse zugenommen. Schöpfungsmeditation bekommt auch dadurch einen neuen und hohen Stellenwert. Die Verbindung des notwendigen Nachdenkens bezüglich Umweltschutz und Klimaschutz mit einer wie auch immer gearteten Form der Schöpfungsmeditation könnte unter anderem auch einen Impuls geben in breitere gesellschaftliche Schichten. Einen Impuls, tiefer dem Sinn menschlicher Existenz auf diesem riesigen Geschenk Planet Erde nachzuspüren.

In diesem Sinne wünsche ich allen Leserinnen und Lesern nicht nur viel Freude beim Lesen, sondern hoffe, dass Sie es einmal versuchen mit der Schöpfungsmeditation. Es versuchen mit dem Erfahren, mit dem Nachspüren, mit dem meditativen Blick, welche Blüte und Frucht Ihr persönliches Leben haben könnte und sollte, um damit auch neu und vertieft zu begreifen, welches unglaubliche Geschenk das Leben für alle und alles ist.

Pax et Bonum
Maria Anna Leenen

Geleitwort

Wahrnehmen – bilden – handeln

Die „Fülle der Schöpfung" als Einladung zur Schöpfungsspiritualität

In den letzten Jahren erfahren wir immer mehr die Bedrohtheit der Schöpfung, so viele Arten sind bereits gestorben, die für das Weltklima lebenswichtigen Regenwälder werden abgeholzt, und die Klimakrise rückt uns ganz nah, wenn wir an die verheerenden Überschwemmungen im Westen Deutschlands, in Belgien und den Niederlanden denken, an die Waldbrände in Griechenland, der Türkei, in Nordafrika, den USA und Kanada. Unsere „Schwester", die „Mutter Erde" „schreit auf wegen des Schadens, den wir ihr aufgrund des unverantwortlichen Gebrauchs und des Missbrauchs der Güter zufügen, die Gott in sie hineingelegt hat" (LS 1), so Papst Franziskus in seiner Enzyklika „Laudato sí", und dies tritt uns immer mehr vor Augen. Der Mensch der Moderne, der sich über die technischen, wissenschaftlichen und wirtschaftlichen Entwicklungen die Erde „untertan" gemacht hat, ist derjenige, der die Veränderungen des Planeten Erde und aller Ökosysteme zu verantworten hat; darum sprechen wir heute vom sogenannten „Anthropozän". Der Mensch ist zum „Macher" geworden, und er hat vergessen, dass er nur existieren kann in einer achtsamen Verbundenheit mit der ganzen Schöpfung; vor allem hat er vergessen, dass er selbst „Geschöpf" ist, der „Erdling" (Gen 2,7), der allem Leben auf der Erde, Pflanzen und Tieren, verbunden ist, und dass er als „Bild" Gottes (Gen 1,27) Verantwortung für das Lebenshaus trägt.

Angesichts der immensen ökologischen Herausforderungen ruft die am 29. Juni 2000 veröffentlichte „Erdcharta" die Menschheit auf, „einen neuen Anfang zu wagen". „Lasst uns unsere Zeit so gestalten, dass man sich an sie erinnern wird als eine Zeit, in der eine neue Ehrfurcht vor dem Leben erwachte." Genau darum beendet Papst Franziskus seine Enzyklika auch mit einem Kapitel zur ökologischen Erziehung und Spiritualität. Ehrfurcht vor dem Leben kann dann wachsen, wenn ich mich als Geschöpf zu erfahren lerne, und das heißt, aus meiner „Selbstbezogenheit" (LS 208) aufzubrechen, achtsam zu werden „den anderen und der Umwelt" (LS 208) gegenüber und einen „ruhigen Einklang mit der Schöpfung wiederzugewinnen" (LS 225).

Das Buch „Fülle. Die schöpferische Kraft der Natur" ist Ausdruck einer solchen Schöpfungsspiritualität. Maria Anna Leenen stellt in ihren Überlegungen die Vielfalt und den überquellenden Formenreichtum der Schöpfung vor Augen, vom kleinsten Staubkörnchen der Erde zum Flügelschlag der Eule in der Nacht und dem quirligen Leben eines Bienenstocks. Ihre Überlegungen gründen in ihrer konkreten Erfahrung als Eremitin in der Abgeschiedenheit des Osnabrücker Landes; sie ist in den letzten 27 Jahren in eine Symbiose mit der sie umgebenden Natur hineingewachsen, ohne diese zu romantisieren; ein Leben in der Abgeschiedenheit der Klause „auf dem Land“ bedeutet auch, mit allen Unbilden von Kälte, Nässe und Regen zu kämpfen; aber dieses Leben schärft die Wahrnehmung für die „Umwelt“ und lässt sie zur „Mit-Welt“ werden. Maria Anna Leenen gibt den Leserinnen und Lesern des Buches Anteil an diesem Prozess, in dem sie dieser Mit-Welt Namen gibt: dem Windhauch, der die kleinsten Grashalme bewegt, dem den Tagzeiten entsprechend changierendem Licht über den Feldern, dem Fest der Blütenfarben im Sommer, dem Nachtflug der Eulen und Fledermäuse, dem komplexen Universum der Bienen, dem vielfältigen Spiel von Lauten, Tönen und Gerüchen in der Abfolge der Jahreszeiten und darin dem Aufbrechen und Vergehen von Leben.

Die Wahrnehmung dieser Mit-Welt, die aus dem Berührtwerden durch diese, durch Licht und Schatten, Farben und Geräusche, erwächst, bringt sie in einer präzisen, nüchternen und darin doch poetischen Weise ins Wort. Und genau damit möchte sie die Leserin und den Leser einladen, in einer ähnlichen – und doch sicher je eigenen – Weise diese „Fülle der Schöpfung“ wahrzunehmen. „Die uns umgebende Schöpfung“, so schreibt sie, „ist mehr als Pausenraum und Urlaubskulisse, mehr als Hintergrundbild für Selfie und

Schnappschuss. Schöpfung hat für den, der seine Sinne öffnet und öffnen will, einen Aufforderungscharakter. Indem sie uns berührt, uns auf vielfältige Weise anspricht, wird sie Bild und Gleichnis, wird sichtbar, dass sie uns auffordert zu fragen, nachzuspüren und nachzudenken." Genau dieses Nachdenken wird dahin führen können, die Verbundenheit allen Lebens neu zu erfahren, zu erfahren, was es heißt, dass die Erde unser „gemeinsames Haus" ist, wie Papst Franziskus schreibt. Alles was uns umgibt, die Natur – vom kleinsten Grashalm bis zur Schleiereule und dem Bienenstock – bildet ein Haus, in das wir eintreten, und in dem wir Schutz finden und leben können. Wenn wir dies neu erfahren, wird umso mehr vor Augen treten, wie die Menschheit dieses gemeinsame Haus zerstört und ihren Auftrag verfehlt, „Hüterin" der Schöpfung zu sein.

Der Bitte von Maria Anna Leenen, ein Geleitwort für ihr Buch „Fülle" zu schreiben, bin ich sehr gerne nachgekommen. Während meiner Tätigkeit als Professorin für Dogmatik im Kloster Benediktbeuern (2001-2009) habe ich über die Arbeit der Salesianer Don Boscos im dortigen Zentrum für Umwelt und Kultur gelernt, den Schöpfungsgarten bewusster wahrzunehmen; meine theologische Auseinandersetzung mit der Frage nach Gott als Schöpfer aller Wirklichkeit habe ich immer stärker in einer Schöpfungsspiritualität begründen gelernt. Schöpfungsspiritualität ist zuallererst eine Wahrnehmungslehre, dann ein Bildungsprozess, für den die je neue Annäherung an die biblischen Texte, aber auch theologisches Arbeiten im Gespräch mit den Naturwissenschaften von Bedeutung ist, und Schöpfungsspiritualität soll schließlich zu konkretem Handeln führen. Maria Anna Leenens Überlegungen stehen für genau eine solche Schöpfungsspiritualität: „Schöpfungsmeditation“, so schreibt sie, „braucht nur offene Sinne, ein wenig Mut sich darauf einzulassen und vor allem ein Herz, das bereit ist sich zu öffnen und sich umgestalten zu lassen.“ Schöpfungsspiritualität öffnet die Augen für das, was uns umgibt, von dem leisesten Windhauch bis zum lauten Trommeln des Regens auf Dach und Blättern, und auf dem Hintergrund dieser Wahrnehmung findet Maria Anna Leenen zum Wort, das es möglich macht, die Namen von Pflanzen und Tieren neu zu entdecken. Sie erschließt die Zusammenhänge und die Fragilität in unserem Ökosystem, im Kreislauf allen Lebens, das den Menschen mit Luft, Wasser und Erde verbindet. Maria Anna Leenen schaut sehr genau hin, auf die kleinsten Dinge, die unser Leben mit anderem verbinden, und diese Aufmerksamkeit lässt genau das wachsen, was die Erdcharta „Ehrfurcht“ vor dem Leben nennt. So sind die vorliegenden Überlegungen ein beeindruckendes Zeugnis einer „Weltfrömmigkeit“ – ein Wort, das Maria Anna Leenen unter Rückgriff auf Dorothee Sölle ihrem Buch als Leitmotiv voranstellt.

Das Besondere an diesem Buch ist, dass Maria Anna Leenen jede Leserin und jeden Leser „mitnehmen“ kann; sicher, sie schreibt vor dem Hintergrund ihrer tief in den biblischen Texten verwurzelten christlichen Glaubensüberzeugung, aber sie schreibt kein Buch allein für Christen und Christinnen. Das Wort „Gott“ taucht so gut wie nie auf – auch wenn alles, die ganze Schöpfung von Ihm/Ihr spricht. So baut sie eine wichtige Brücke zwischen der säkularen Welt und einer religiösen Weltsicht, die – wie im christlichen Glauben – in Gott die schöpferische Kraft, den Ursprung und das Ziel allen Lebens sieht. Heiliges und Profanes sind in dieser „Weltfrömmigkeit“ nicht getrennt, und so lehrt das Buch, von Gott in einer säkularen Welt zu sprechen. Schöpfung ist in den letzten Jahren auch zu einem Begriff nicht-religiöser, naturwissenschaftlicher und umwelttheoretischer Analysen geworden; der präzise, nüchterne und doch poetische Blick von Maria Anna Leenen auf die Rhythmen des Lebens, den Zyklus der Jahreszeiten, das Wachsen, Blühen und Vergehen und die Einbettung des Menschen in diese Lebenskreisläufe hilft, den Graben zwischen einer naturwissenschaftlichen Weltsicht und einem religiösen Weltbild zu überwinden. Gerade darum wird das Buch hoffentlich viele Leserinnen und Leser ansprechen, die Umwelt als Mit-Welt sehen zu lernen, bewusster zu erfahren, wie alles miteinander atmet, vom kleinen Erdkorn und Grashalm über den Wassertropfen auf den Blütenblättern, dem quirligen Leben der Bienen bis zum Flug der Eulen und Fledermäuse. Der Mensch steht hier nicht im Zentrum, aber was er vermag: den Pflanzen und Tieren einen Namen zu geben, Fragen zu stellen und nachzudenken über sich selbst und seine Verbundenheit mit dieser Schöpfung. Wenn Maria Anna Leenen von der „Fülle der Schöpfung" spricht, sind ihre Überlegungen genau so eine Antwort auf die wunderbaren Schöpfungserzählungen, die uns in den biblischen Texten Gen 1 und 2 vorliegen: „Gott sah alles an, was er gemacht hatte: Und siehe, es war sehr gut." (Gen 1,31)

Osnabrück, den 21. September 2021

Prof. Dr. Dr. h.c. Margit Eckholt
Professorin für Dogmatik mit Fundamentaltheologie
am Institut für katholische Theologie
der Universität Osnabrück

Vorfrühling
Erstfrühling
Vollfrühling

1.

Neustart! Aufbruch!

Es ist noch nichts zu sehen. Nur mickrige, magere, gelbliche Grashalme, geknickt, zu Boden gedrückt, armselig. Dazwischen ein paar Stellen nackte Erde. Sie sind feucht vom letzten Rest des Schnees, dessen flächendeckende, strahlend weiße Haube sich zu einem letzten schmutzig-grauen Häufchen gefrorenen Wassers gewandelt hat. Nichts besonderes. Nichts, was die Aufmerksamkeit mehr als zwei Sekunden auf sich ziehen könnte. Der Himmel ist grau, die Bäume nebelnass und nur ein paar hungrige Buchfinken hoffen auf letzte Krümel der gehackten Erdnüsse. Es ist eine müde Winterendeimpression, mehr nicht. So müde, dass man annehmen könnte, Sonne, Wärme, Licht und Freude hätten sich auf einen anderen Planeten gerettet vor dem Trübsinn dieser Wochen. Es ist ja auch nichts zu spüren, zu sehen, es ist nichts wahrzunehmen an Lebendigkeit. Nur diese erschlaffte, diese ausgelaugte Trägheit und Mattigkeit. Also nichts. Oder? Doch, da ist doch etwas. Da sind plötzlich feine Risse in der Oberfläche des Bodens. Da leuchtet etwas kaum erkennbar, nur zu ahnen, sehr still, sehr verhalten aus dem Dunklen ins Helle. So verhalten, dass der Blick sich zu täuschen meint. Aber ja doch, da schiebt sich etwas empor, teilt die Erdoberfläche, teilt diese verletzliche Hülle, die vorher noch so ohne Leben, so verschlossen, so tot erschien.

Die Schöpfung beginnt das neue Jahr nicht mit Jubelschrei und blitzendem Böllerknall. Sie beginnt es still und verborgen, unscheinbar, ja unsichtbar und versteckt. In der obersten Schicht des Bodens wie in großen Tiefen; in Wurzelballen, Knollen und Zwiebeln wie in den langen Pfahlwurzeln der mächtigen Eichen, die bis zu vierzig Meter tief bis ins Grundwasser reichen können.

Es fällt kein Startschuss. Niemand gibt das Kommando. Aber was über Wochen und Monate abgedämmt, reduziert und runtergefahren war in Winterruhe und Winterschlaf, beginnt sich unmerklich zu regen. Eine verborgene Kraft, ein Ansporn, ein Impuls, tief und zuinnerst in allen Elementen der Schöpfung, treibt das Leben neu an. In jeder Knospe, jeder Wurzel, in Apfelkern und Grassamen ist es wie eine leise und doch kraftvoll zustimmende Antwort auf eine Art Ruf, erneut aufzuwachen aus Kälte und Starre zu Leben, zur Kraft, zum Wachstum und zur Fülle. Und auch wenn die Sonnenstrahlen noch zaghaft sind und ohne große Wirkung zu sein scheinen; auch wenn immer wieder Frost und letzte Winterstürme wie Gegner erscheinen, um den Impuls zu stoppen – nichts kann das allerorts beginnende Treiben und Drängen mehr verhindern. Alles gerät in Bewegung.

Noch ist es verhüllt, aber unbemerkt beginnt es vor allem unter unseren Füßen. Fast wie ein Spiegel des Universums darüber fängt es an im Boden zu arbeiten, wie ein Riesenapparat, wie ein unvorstellbar großer Organismus. Ein milliardenfaches Heer an Untergrundarbeitern stellt die Grundlagen zur Verfügung, um Wachstum zu ermöglichen. Diese

Bodenbewohner zersetzen organischen Abfall, speichern Nährstoffe, filtern Schadstoffe heraus und wandeln sie zum größten Teil um in verwertbares Material. Springschwänze, Hornmilben, Regenwürmer, Asseln, Pilze, Amöben, Geißeltierchen, Tausendfüßler und Millionen und Abermillionen von verschiedenen Bakterien beleben, aktivieren, vitalisieren und fördern das neu aufbrechende Leben dieser ungemein kostbaren Haut des Planeten. Eine Haut, die sich in Prozessen von Millionen von Jahren gebildet hat.

Fast alle Pflanzen auf der Landfläche dieser Erde sind auf die unermüdliche und lautlose Untergrundarbeit dieser oft nur mikroskopisch kleinen Zulieferer angewiesen. Mehr als dreiviertel aller Pflanzen auf diesem Planeten könnten zum Beispiel ohne Partnerschaft mit einem Pilz im Boden nicht existieren. Unermüdlich und hochsensibel lebt und wirkt es unsichtbar in allen Schichten der Erdkruste. Hochsensibel geht es zu, aber auch immer friedlich? In allen tiefen Lagen, kurz vor dem Beginn der Gesteinsschicht genau wie in verschiedenen Bereichen der Erdoberfläche, scheint der Kampf um Nährstoffe, um Wasser, Licht und Sauerstoff zum Leben präsent zu sein. Ob in Sand-, Schluff-, Ton- oder Lehmboden, ob basisch oder sauer, ob trocken oder sumpfig, ob Bakterium, Pflanze oder Tier – alles drängt mit Macht zum Leben. Für menschliche Augen sieht es oft aus wie ein erbarmungsloser Kampf. Doch wird darin ein Prinzip der Schöpfung sichtbar: Alles ist ein Kreislauf, nichts geht wirklich verloren, nichts lebt auch nur für sich allein, alles ordnet sich dem großen Ganzen, dem Ziel eines Lebens in Gemeinschaft auf diesem Planeten unter. Auch die tierischen Elemente, die der Mensch aus seinem Wirkungsbereich, sei es in der Landwirtschaft, im Schrebergarten oder in dem Fleckchen Grün vor der Haustür, nur zu gern verbannen möchte, auch sie haben einen Sinn, eine Aufgabe, sind wertvoll und nützlich im großen Ganzen der Schöpfung. So wie die Asseln, diese ungeliebten Krebstierchen, die wir aus den feuchten Kellerecken so gern vertreiben. Sie gehören im Boden zu den hervorragendsten Zersetzern in der oberen Laub- und Totholzschicht. Die im Gemüsebeet meist unerwünschten Nematoden kommen mit ihren mehr als 20.000 Arten in fast allen Ökosystemen der Welt vor. Die auch als Älchen bezeichneten winzigen Würmchen können in Wurzelsysteme eindringen und großen Schaden anrichten: vor allem in denen geschwächter Pflanzen, die auf geschädigtem Boden mehr schlecht als recht gewachsen sind. Zugleich sind einzelne Stämme dieser Fadenwürmer in der biologischen Schädlingsbekämpfung ein höchst wirksamer Gegenspieler des Dickmaulrüsslers, des Apfelwicklers oder auch der von verschiedenen Schnecken. Das sind nur einige der bodenbewohnenden Untergrundarbeiter, an denen aber beispielhaft deutlich wird, wie vielfältig, wie unterschiedlich und wie wichtig diese meist unsichtbaren Erdarbeiter sind.

Es ist eine hauchfeine, eine zarte und vor allem eine verletzliche Hülle, die sich um unseren Planeten Erde aufgebaut hat in einem Prozess, der Millionen von Jahren brauchte. Im Verhältnis zum gesamten Planeten scheint sie wenig an Masse zu haben. Aber diese Hülle, diese Haut der Erde, ist Grundlage allen Lebens. Sie ist ein eigenes Ökosystem und eine sehr begrenzte Ressource. Ähnlich wie die Hülle um den menschlichen Körper, wie unsere Haut, ist sie angewiesen auf Schutz, auf Pflege und auf das achtsame Wissen um ihre Verletzlichkeit. Täglich verliert diese kostbare Hülle auf riesigen Flächen Kraft und Lebendigkeit durch Versiegelung, wird ihr biologisches Gleichgewicht durch Verdichten, Versalzen und Vertrocknen ins Wanken gebracht, gestört und vernichtet. Tonnen ihres wertvollen Materials werden jährlich weggeschwemmt durch Starkregen und können nur marginal wieder neu aufgebaut werden. Eine Gefahr, die dem ganzen Planeten, die allem Leben auf ihm die Basis auf Dauer entziehen könnte.

Es sieht aus wie Magie

Dabei hat es seine eigene Faszination, wenn beobachtet werden kann, wie auf zerwühlten und zerstörten Böden die Schöpfung beginnt neues Leben hervorzubringen. Wenn der erste Regenwurm hartes und verdichtetes Erdreich durch seine bis zu drei Meter tiefen Gänge wieder belüftet. Wenn seine Ausscheidungen, dieses plötzlich auftauchende kleine krümelige Häufchen Erde, der Wurmhumus, den Boden neu mit wertvollen Nährstoffen anreichert. Die dadurch entstehende Krümelstruktur verlockt regelrecht den Samen zu keimen. Sie regt unwiderstehlich übrig gebliebene Wurzelstückchen zur Neubildung an und stärkt, fast möchte man sagen, aufmunternd die mickrigen Pflänzchen, die mühsam auf solchem Land um ihr Überleben kämpfen. Und dann wird es plötzlich wahrgenommen: In der Oberfläche eines nackten, kahlen Fleckchens dieser Erde, die gerade noch so tot, so ohne Leben erschien, sind feine Risse, es schiebt sich etwas hoch, zierliche Spitzen in hellgrün, in deren Mittelpunkt sich die lavendelfarbige Lanze eines Frühlingskrokus emporhebt. Oder der Blick bleibt an einer flachen Blätterrosette hängen und wundert sich über den grünen Knubbel in der Mitte, der sich langsam zu öffnen beginnt und das zart-rosa Blütengesicht des Gänseblümchens entfaltet.

Am Waldrand dann, wie auf ein unsichtbares Zeichen, geschieht eine Öffnungswelle in dunkelviolett und das Waldveilchen verwandelt auch schattige Ecken in duftende Blütenteppiche. Es ist wie Magie, wie ein Zauber, der auch im Menschen alle Sinne ansprechen will. Ähnlich wie im Garten diese dicken Triebe, die sich nach oben drücken in dieser leuchtenden Grüntönung, die irgendwie pompös schon von der zukünftigen Blütenpracht der Kaiserkronen kündet. Während die Blüte des Haselstrauchs mit ihren braun-gelben Rispen kaum auffällt und selbst die silbrigen Weidenkätzchen am Anfang eher unauffällig blühen, erscheinen die hellen, gelben Köpfchen des Winterlings über seinen zierlichen Blättchen dagegen deutlich sichtbar. Wie Kinder im Sonntagsausgehkleid muten diese Vorfrühlingsboten an und sind doch so robust, dass ihnen selbst ein später Schneefall nicht wirklich etwas ausmacht. Dicht an dicht vermehren sie sich an den passenden Standorten in lichten Gebüschen und Hecken, an den Rändern von Eichen- und Hainbuchenwäldern und bilden Blütenteppiche mit grün-gelben Mustern. Genau wie das Buschwindröschen lagert der Winterling in seinen Knollen nach Blüte und Samenschleuderaktion und mit zunehmender Laubfülle der Bäume sofort neue Nährstoffe ein für den nächsten Aufbruch, das nächste Frühjahr. Ebenso wie die

Horste des Kleinen Schneeglöckchens und des Märzenbechers, deren grundständige Blätter anfangs wie Bubiköpfe teils noch aus Schneeresten emporwachsen, sind sie ein Zeichen für den beginnenden Neustart, für den Aufbruch der Schöpfung.

Aufbruch, das ist wie ein gemeinsamer Tenor, der in diesen Wochen alles bestimmt. Ob die Blüten der Salweidenkätzchen, der Buschwindröschen und des Scharbockskrautes, die erste Nahrung anbieten für die erwachenden Hummelköniginnen und für diejenigen Bienen, die vorwitzigerweise schon Erkundungsflüge starten, oder das unmerkliche Anschwellen der Knospen bei Birke, Ahorn, Felsenbirne und Apfelbaum, welches auf reichen Blütenflor hoffen lässt: Alles startet durch. Alles beginnt den Reigen von Tod und Leben, diesen uralten Kreislauf des Werdens, Vergehens und Erneuerns, diesen Zauber des beständigen Anfangens von vorn. Es ist nicht nur eine große Kraft zu spüren darin, mehr noch: es ist ein unbedingter Wille zum Sein, zum Leben, der in der Schöpfung webt und wirkt. Jeder Blick auf das erste, zarte grüne Blättchen, jede Meditation über die Größe und Wucht einer alten Eiche und ihrer Krone aus gesunden und geborstenen Ästen kann sein Pendant im Leben eines Menschen finden. Denn in den irdischen Kreislauf von Aufbruch und Wachstum, von Abbruch und Sterben ist der Mensch genauso eingebunden wie Kellerassel, Schneeglöckchen und Eiche.

Das Leben in und mit der Schöpfung kann für jeden Menschen persönlich und täglich eine Freude sein, selbst, wenn er im Hochhaus in der Großstadt wohnt. Denn niemand lebt abgeschottet wie unter einer Glaskuppel. Jeder Mensch ist eingebunden, jeder verbunden auf vielfältige Weise in das Leben auf diesem Planeten. Aber das stellt auch immer wieder Aufgaben. Gerade am Ende des Winters und zu Beginn des Frühlings heißt es Aufbrechen aus der Wintermüdigkeit und Trägheit, ist es ein energischer Aufruf zur Überprüfung, was hat wie die dunkle Jahreszeit überstanden oder vielleicht auch nicht? Die ersten hellen Tage ohne Frost und Schnee haben Signalwirkung, auch wenn die Kälte vielleicht noch im Boden und in den Knochen sitzt. Darum endet der Winter für mich persönlich zum Beispiel erst, wenn ich zum ersten Mal wieder auf den Findlingen des Kletterfelsens auf der Ziegenweide sitzen kann – ohne Mütze, Schal und Handschuhe. Wenn ich das Gesicht der Sonne entgegenhalte, die auch in mir, in meinem Körper und in meiner Seele allen Stoffwechsel ankurbelt und Lust auf einen Neustart, einen Aufbruch,

auf ein weiteres Jahr weckt mit der freudigen Hoffnung auf neue Blüte, neue Früchte. Im realen Sinn in Garten und Wald und im übertragenen Sinn im persönlichen, alltäglichen menschlichen, im geistlichen Leben.

2.

Verborgener Beginn, kein Rückschritt

Noch ist es dunkel. Und still. Still und kalt. Es scheint, als ob der Winter es sich anders überlegt hat und zurückkehren will. Eine feine Eishaut überzieht die Wasserpfützen auf dem Weg und gefrorene Tropfen glitzern an Kiefernnadel und Eibenzweig. Im Wald stehen die mächtigen Eichen und Buchen stumm, regungslos. Kein Wind bewegt die Äste oder lässt das alte Laub um die dunklen Stämme wirbeln und tanzen. Neustart? Aufbruch? Hier ist nichts zu spüren von der vibrierenden ersten Ungeduld der Sträucher und Wiesen in der den Wald umgebenden Landschaft. Man könnte es eine gewisse Schwere, vielleicht sogar eine bedrückende Stille nennen, die hier lastet vor dem Aufgang der Sonne. Die hier lautlos zu schweben scheint in dieser Welt der hoch aufragenden Holzriesen. Kein Geräusch, keine Bewegung ist in der Umgebung wahrzunehmen. Eine machtvolle Ruhe herrscht in

dieser dämmerigen Dunkelheit. Es ist eine verhaltene, eine gedämpfte Stimmung in der Zeit vor dem Sonnenaufgang, eine Atmosphäre, die daraufhin zu drängen scheint, dem Menschen, der sich an einen der rissigen Stämme lehnt, nachdrücklich bewusst zu machen wie klein er ist angesichts dieser manchmal jahrhundertealten Bäume.

Und doch ist auch hier für denjenigen, der seine Sinne bewusst öffnet, eine Art Spannung spürbar. Die Bäume scheinen leblos zu sein und jedes trockene Blatt, das lautlos von weit oben aus den Kronen herab segelt, verstärkt diesen Eindruck noch. Was lebt in dieser Stille? Lebt hier überhaupt etwas? Wer seinen Blick wandern lässt, wird trotz der Dämmerung Anzeichen dafür finden.

Das Zypressen-Schlafmoos zum Beispiel, das an den unteren Baumstämmen wie ein weiches Wams klebt, oder das Widertonmoos mit den krustigen Eisresten auf seinen samtigen Polstern, sie sind vor allem in den frischen Frühlingswochen einer von vielen grünen Hinweisen auf das stille, auf das verborgene Leben des Waldes. Ebenso wie die Flechten, die, unscheinbar, meist grau-grün und fast zu übersehen, von einer ganz speziellen Lebensform Zeugnis geben. Es ist eine Lebensform, die ohne spektakuläre Blüten auskommt, die keine Fülle an Früchten für Tiere und Menschen bereithält oder mit farbenprächtigem Blattschmuck begeistert. Während die Moose zu den Grünpflanzen zählen, sind Flechten beeindruckende

Doppelwesen. Sie sind Pilze, die in enger Gemeinschaft, in Symbiose mit Grünalgen existieren. Eine Win-Win-Situation, die beiden Partnern hilft, an schwierigen und eigentlich lebensfeindlichen Standorten zu wachsen. Mit der Hand über weiche Moospolster zu streichen schmeichelt; es ist eine zarte, um nicht zu sagen zärtliche Erfahrung. Flechten dagegen besitzen eine eher herbe oder sogar ausgeprägt raue Oberfläche. Ihre Anpassungsfähigkeit ist beeindruckend, doch mehr noch können diese symbiotischen Existenzen das Urprinzip von Schöpfung verdeutlichen. Pilz und Alge leben miteinander, voneinander und füreinander und bezeugen so auch unter unwirtlichen, äußerst schwierigen Bedingungen den unbedingten Willen zum Leben für beide Partner.

Noch immer ist es still und kühl. Bis zum Sonnenaufgang wird es noch dauern. Da durchbricht die Stille ein Ton, langgezogen und abfallend, an den sich gequetschte Triller anschließen. Hoch oben auf einem der blattlosen Äste singt einer die Sonne herbei. Der absolute Frühaufsteher unter den heimischen Singvögeln ist der Gartenrotschwanz. Das Männchen ist, wie bei den meisten Vogelarten, farbenprächtig gezeichnet mit seinem kräftig orangefarbenen Bauch, der schwarzen Kehle und dem weißen Stirnfleck. Es ist noch nicht einmal richtig hell geworden im Wald, kein Sonnenstrahl kann ihn zu diesem Gesang animiert haben. Doch der kleine Vogel schmettert dort oben, unbekümmert möchte man meinen, und kündet das Ende der Nacht. Was für ein herrliches Solokonzert!

Eine Nacht im Wald zu schlafen, birgt heutzutage keinen Schrecken mehr für den normalen Menschen. Doch auch nach ausreichend Schlaf im eigenen Bett braucht es für die meisten Menschen deutlich mehr Anreize, um schon im Morgengrauen zu singen, als die Hoffnung auf erste Sonnenstrahlen. Der frühe Gesang des bunten Vogelmännchens lässt fragen nach dem, was uns froh macht, was uns im übertragenen Sinne singen und jubilieren lässt. Gerade im beginnenden Frühling heißt das auch: Was ist denn ein Neustart? Was bedeutet Aufbruch im persönlichen Leben? Es sind nicht die Überlegungen, die durchdrungen sind von vernunftbasierten, sachdienlichen Hinweisen, die zu Antworten führen. Im Gegenteil! Sich auf die Schöpfung einzulassen, lockt auf einen anderen Weg. Sich ihr mit allen Sinnen zu öffnen, ändert langsam und unmerklich auch die Sicht auf das eigene Leben.

Hingabe an das Licht heißt das Leben zu empfangen

Wenn sich in der morgendlichen Stille mit der zunehmenden Helligkeit auch der Chor der Vogelstimmen füllt; wenn sich nacheinander die Melodien von Singdrossel, Rotkehlchen, Amsel, Goldammer und die verschiedenen Meisen- und Finkenstimmen einfügen in das Konzert des Waldes, dann kann eine Ahnung beginnen aufzuschimmern, ein Funke Erkenntnis, dass Schöpfung mehr ist als eine bestimmte Abfolge von biologischen Prozessen, dass sie mehr als Natur ist. Dass sie ein Kunstwerk darstellt, geformt von einem unbedingten Willen zum Leben für alle und alles. Und während das Vogelkonzert zu einem Crescendo anschwillt, blitzt der erste hauchdünne Streifen Licht am Horizont. Die Sonnenscheibe beginnt emporzusteigen, flutet den Himmel, den Wald und alles mit ihrem Licht in einem Flash von Gelb- und Orangetönen in allen Schattierungen. Während das Licht sich immer weiter ergießt, ist es plötzlich ein Bild, eine Vorstellung, die in Herz und Kopf entsteht: Es ist, als biete sich die Erde dem Sonnenlicht dar. Und natürlich, so ist es ja auch. Denn nicht die Sonne dreht ihre Runden um den Planeten, sondern diese blau-grüne Kostbarkeit des Alls dreht sich, wendet dem Licht beständig eine Seite ihrer kostbaren Hülle zu. Vierundzwanzig Stunden am Tag, sieben Tage die Woche, zwölf Monate im Jahr, einfach immer. Unser Planet Erde empfängt das Licht, diese anscheinend unerschöpfliche Energiequelle, ohne die es kein Leben auf ihr geben könnte.

Mit diesem Empfang startet vor allem bei den Grünpflanzen ein überaus spannender Prozess, die Photosynthese. Sie ist der Motor fast aller ökologischen Kreisläufe auf der Erde. Auslöser dieses spannenden Prozesses sind Farbpigmente in den verschiedenen Blättern und Moosen, vor allem das Chlorophyll. In den Wochen des jeweils vergangenen Spätsommers und des Herbstes in den verschiedenen Schichten der Rinde, der Wurzeln und Knollen eingelagert, ist dieser Farbstoff nun dabei, in die oberen äußeren Bereiche der Pflanzen aufzusteigen. Trifft die Lichtenergie der Sonne auf ein Pigment dieses grünen Farbstoffes, wird eine Kette von biochemischen Reaktionen in Gang gesetzt, bei denen die Lichtenergie in chemische Energie umgesetzt wird. Die Pflanzen binden während dieser Prozesse Kohlendioxid aus der Luft und verankern es zum großen Teil in der Biomasse. Als eine Art Nebenprodukt entsteht dabei Sauerstoff, der in die Umgebung abgegeben wird. Ein höchst

faszinierender Vorgang! 99% des Sauerstoffs der Erdatmosphäre stammen aus der Photosynthese der Pflanzen. Wie enorm wichtig der weltweite Waldbestand als Kohlendioxidspeicher und Sauerstofflieferant ist, wird allein an diesem Prozentsatz deutlich. Denn aus diesem Sauerstoff entsteht unter anderem auch die Ozonschicht, die alles Leben auf der Erde vor Strahlenschäden aus dem Weltraum schützt.

Es gibt Tage im Frühling, da kann ich einfach nicht anders, als am frühen Morgen nach draußen zu gehen und mich zu freuen. Wenn die Luft aus Licht zu bestehen scheint und goldgelber Dunst mit dünnen Nebelschleiern die Welt verzaubert, ist es wie ein Hauch Magie um Klause, Ziegenstall und die beiden Scheunen. Jede Grashalmspitze ziert eine Perle aus Tau, und Ängste und Sorgen treten für eine kurze Zeitspanne in den Hintergrund. Es sind Momente, in denen ich mich als unverdient beschenkt empfinde. Aber es geschieht nur, wenn ich mich darauf einlassen will und die Erfahrung der Schöpfungswirklichkeit annehme, zulasse, dass sie mich berührt. Neustart, Aufbruch bedeutet dann auch neu zu fragen nach dem, was Leben ausmacht. Was mein Leben ausmacht. Nicht nur generell, sondern persönlich.

3.

Wachstum heißt auch: Leben weitergeben

Die Temperaturen steigen und plötzlich nimmt man es staunend wahr: Ein Grünschimmer überzieht die Welt und taucht alles in eine andere Farbe. Eichen und Buchen sind zwar noch dunkel. Aber auch an den Astspitzen der Holzriesen schwellen die Knospen, werden dicker und rundlicher, als könnten auch sie es nicht mehr erwarten, ihre Blätter für das Licht zu öffnen. Vor allem bei den großen Buchen tauchen für kurze Zeit weiße Spitzen an den obersten Blattknospen auf, flirren verhalten und betonen die Eleganz dieser grauen Riesen. Holunder und Schlehe, Eberesche, Flieder und Kornelkirsche sind über Nacht wie hellgrün befiedert, betupft, gepunktet und signalisieren eindeutig: wir stehen mit allen Blüten in den Startlöchern. Schon jetzt prangen Vogelkirsche und Forsythien in voller Blüte, es sind duftige Wolken in Weiß und Gelb. Sie bieten erste Nahrung an, Nektar und Pollen, für die Vorhut der nun ausschwärmenden Insektenvölker.

Und dann, plötzlich, blitzschnell: lauter Protest! Mit einem energischen Gepiepse und wildem Geflatter jagt ein Buchfink direkt vor der Nase des Spaziergängers hinter einem anderen Vogel her. Immer wieder, mit waghalsigen Sturzflügen, scharfen Kurven und Haken schlagend nach allen Seiten, um Baumstämme herum, durch lichte Sträucher hindurch verfolgt das Männchen den Rivalen, hängt dem fast an den Schwanzfedern, der sich in seinem Brutrevier breit machen wollte. Währenddessen begutachtet Frau Buchfink ein letztes Mal den bevorzugten Nistplatz. Aha, er scheint angenommen zu werden. Alles findet ihre Zustimmung und sofort beginnt sie die Nestmulde herzurichten. Die Suche nach einem geeigneten Ort für die Aufzucht der Jungen beginnt für die heimischen Standvögel, die den Winter über hier ausgehalten haben, schon früh. Für alle, die erst später aus den südlichen Gefilden wie Spanien oder Nordafrika zurückkehren, wird es oft eng. Wenn alte Bäume mit ihren Aushöhlungen, alten Nestern und den am Waldrand wuchernden Brombeerwällen nicht mehr vorhanden sind, ist dieser gravierende Wohnraummangel fatal. Da kann es dann manchmal harte Diskussionen mit hitzigen Verfolgungsjagden geben oder sogar Raufereien, bei denen die Federn fliegen. Eine Luftstraßenschlacht sozusagen zwischen zwei Vogelliedstrophen, mit denen die umworbene Federschönheit zur Paarung animiert werden soll.

Die Artenvielfalt der europäischen Singvögel ist mit ihrem Gesang nicht nur eine nette Geräuschkulisse, die beim Spazierengehen in Wald und Flur zur Erholung beiträgt. Umweltpsychologin Dr. Eleanor Radcliffe von der Universität

Surrey, Großbritannien, fächert in ihren vielfältigen Publikationen auf, wie sehr die Wahrnehmung des Vogelgesangs den Abbau von Stress fördert.[2] Mehrere in diesem Wissenschaftsbereich arbeitenden Umweltpsychologen deuten diesen Effekt unter anderem als eine genetische Erinnerung daran, dass das Zwitschern, Piepen und Tirilieren immer auch signalisiert: alles o.k., alles ruhig, keine Gefahr, Vögel und auch Menschen können entspannen. Schwer zu glauben? Wer jemals eine aufgeregt kabbelnde Spatzenbande gehört hat oder das wütende Kjack-kjack-kjack einer Dohle beim Sichten einer Katze in Nestnähe, der kennt danach den Unterschied zwischen Entspannungsmelodie und Alarmsignal von unseren gefiederten Mitbewohnern sehr gut und kann sich auf ihren fröhlichen Singsang gelöst einlassen.

Etwa 8700 Vogelarten gibt es weltweit, in Mitteleuropa sind ungefähr 300 davon bekannt. Von ihrem Einsatz für die Landschaft wie für den Obstanbau und die Landwirtschaft, davon wissen allerdings die meisten Menschen wenig oder nichts. Es ist erstaunlich, mehr noch, es ist überaus verblüffend und überraschend, wenn man die Zahlen erfährt: Allein ein Vogelpärchen der verschiedenen Meisenarten futtert bis zu 70 kg Insekten im Jahr, allein in der Zeit der Aufzucht der Jun-

gen können das etwa 10.000 Exemplare sein. Vor allem die in den letzten Jahren manchmal massenhaft aufgetretenen Raupen des Eichenprozessionsspinners sind besonders im frühen Stadium eine proteinreiche Leckerei für Familie Kohlmeise und Co. Und von den Spatzenbanden, die schimpfend und streitend im Garten randalieren, weiß man seit einiger Zeit, dass sie sogar die jungen Raupen des gefürchteten Buchsbaumzünslers vertilgen. In wessen Garten in diesen Wochen eine Mäuseplage alles zerwühlt und untergräbt, sollte in Zukunft einen Schleiereulennistkasten installieren. Die Eulenfamilie fängt bis zu 50 Mäuse am Tag, um sich und ihre wolligen Jungen, Ästlinge genannt, zu versorgen.

Alles scheint ja um einen herum in diesen Wochen nur auf Partnersuche zu sein. Rehbock und Schmalreh jagen einander über die Wiesen. Igelmännchen und Igelweibchen finden sich über ihre Duftmarkierungen und drehen im ruppigen Igelkarusell ihre Paarungsrunden. Die Fledermausweibchen suchen kleine oder große Höhlen, um gemeinsam die Jungen ihrer Art zu gebären und in diesen Wochenstuben aufziehen zu können. Gepaart haben sie sich schon in den Herbstmonaten des Vorjahres, den Winter über das Sperma in sich konserviert, um jetzt im Frühling die winzigen Embryos wachsen zu lassen und im Mai zu gebären. Doch nicht nur Vögel und Fledermäuse sind darauf aus, für Nachwuchs zu sorgen. Hase, Igel, Fuchs und Reh-

wild ebenso wie Wildschwein und Haselmaus, jeder Regenwurm, jedes Spinnentierchen, Schmetterling, Florfliege und Marienkäfer – alles startet in diesen Wochen durch, zeugt Nachwuchs und gibt so das Leben weiter.

In dieser Zeit draußen in der Natur zu sein tut gut. Frische Luft, Sonne, Vogelgezwitscher – es ist wie ein kurzer Urlaub vom Alltag, ein Hauch Erholung, Entspannung, eine Atempause von den vielen notwendigen, aber oft auch lästigen oder sogar ungeliebten Dingen. Aber reicht das? Nein! Mit Sicherheit nicht!

Der Frühling ist die Zeit, in der mit der aufblühenden Schöpfung auch Herz und Sinn des Menschen auf der Suche sind nach dem, was das innerste Suchen und Sehnen erfüllen könnte. Nicht immer wird dabei klar, was diese Sehnsucht bedeutet, noch was sie wirklich erfüllen und stillen könnte.

Die uns umgebende Schöpfung ist mehr als Pausenraum und Urlaubskulisse, mehr als Hintergrundbild für Selfie und Schnappschuss. Schöpfung hat für den, der seine Sinne öffnet und öffnen will, einen Aufforderungscharakter. Indem sie uns berührt, uns auf vielfältige Weise anspricht, wird sie Bild und Gleichnis, wird sichtbar, dass sie uns auffordert zu fragen, nachzuspüren und nachzudenken.

Eine Meditation über das Leben an sich

Wenn meine Füße auf dem Boden des Waldes stehen, vielleicht auch einmal ohne Schuhe, nackt, was löst das aus? Der Waldboden ist Lebensraum für unzählige und überaus vielgestaltige Formen irdischer Existenzen. Selber ein Ökosystem und zugleich Fundament, Basis für das Ökosystem, für den Lebensraum Wald. Basis, ein Begriff ursprünglich aus dem Griechischen, der etwas aussagt über das, auf dem ich stehen, über das, was ich beschreiten kann und was zugleich Grundlage und Unterbau ist. Welches ist mein Fundament? Auf welcher Basis steht mein

Leben? Der Waldboden, dieser überaus lebensvolle Teil der kostbaren und doch so verletzlichen Haut unseres Planeten, kann zum Impuls werden und mich hinhorchen lassen auf diese Fragen. Fragen nach den Grundpfeilern meines Lebens, meiner Existenz. Wald kann nur wachsen, stark und widerstandsfähig werden, wenn es auch der Waldboden ist. Aus welchen Elementen, aus welchen Quellen speist sich die Festigkeit meines Fundamentes? Woher bekommt der Boden, der Untergrund meines Lebens, seine Stabilität, seine Kraft, seine Stärke? Tief sind die Wurzeln der Holzriesen, der Eichen und Buchen im humusreichen Grund des Waldbodens verankert. Welche Anker halten mein Leben? Stützen sie es, beschützen sie es, helfen sie, mich und meine Wurzeln in der Tiefe festzumachen?

Ein Spaziergang im Wald ist mit diesen Fragen nicht nur Entspannung und Atempause von vielen belastenden Situationen und Gegebenheiten des Alltags. Er wird zur Meditation über das Leben an sich. Die Schönheit und Vielfältigkeit der Schöpfung animiert zur Offenheit und schenkt so auch die Bereitschaft, sich dem Grund des Lebens auszusetzen, sich treffen und berühren zu lassen. Der Wald oder die weite Landschaft und vielleicht auch ein großer stiller Park, sie sind immer eine gute Gelegenheit in einen Dialog mit sich selbst zu kommen.

Und dann, gerade noch streichelte die milde Frühlingssonne über die Wangen und fröhliches Vogelzwitschern zauberte ein Lächeln auf das Gesicht – da verstummt das Konzert von Blaumeise, Goldammer und Pirol. Es wird dunkel, der Wind kühlt deutlich ab, plötzlich ist es still im Wald. Unmerklich zunächst, dann immer intensiver baut sich eine Spannung auf. Am Himmel sammeln sich schwarze Wolkenberge. Mäusebussard, Wanderfalke und die Taubenschwärme suchen Schutz. Immer mehr verdecken die sich übereinander türmenden, grau-schwarzen Wolkengebirge den vorher so klaren Frühlingshimmel, Wind kommt auf, Sturm kündigt sich an. Einen kurzen Moment scheint alles die Luft anzuhalten. Und dann bricht es mit einem Mal los. Ein kalter Windstoß jagt den anderen, es saust und heult um Bäume, Häuser und Gartenzäune. Alles, was nicht wirklich fest sitzt, alles, was die Finger des Sturmwindes greifen können, wird hoch gezerrt, quer über Feld, Wiese und Weg gescheucht, herumgewirbelt und zu Boden geschmettert. Wie ein wild gewordener Stier, wie ungezähmte Wildhengste, wie ein wütender Hornissenschwarm tobt es über das Land, ungebärdig, nicht aufzuhalten. Am Ende sind alle alten Blätter von den Bäumen gerissen, zusammen mit jungen Ästen und Knospen, und alles liegt mit Totholz und aufgewühlter Humusschicht in großen Haufen zusammen.

Frühjahrsstürme haben immer irgendwie etwas Archaisches. Es ist kein Wunder, dass die Menschen in früheren Jahrhunderten, denen meteorologische Kenntnisse weitgehend fehlten, dieses Stürmen, Wüten, Brausen und Jagen unfreundlichen Geistern zuschrieben. Wenn Windsbraut, Wetterhexe und Windin zusammen mit dem kalten Gesellen durchs Land fegten, brachte man lieber alles in Sicherheit. Obwohl es schon im Hochmittelalter erste naturwissenschaftliche Erkenntnisse gab (Konrad von Megenberg, Albertus Magnus), war es bis ins 17. Jahrhundert noch verbreitet, Wetterzauber und andere magische Rituale zu praktizieren, in der drängenden Hoffnung, den erntevernichtenden Stürmen Einhalt zu gebieten.

Selten kündigen sich diese Stürme des Frühjahrs sozusagen rechtzeitig an. Nur der veränderte Luftdruck, die steigende Spannung und die heranrückende dunkle Wolkenwand machen Menschen und Tiere aufmerksam. Bei Dohlen und Krähen scheint ein solcher Sturm eher eine Art wilde Freude auszulösen, wenn man beobachtet, wie ungemein geschickt sie mit den heftigen Windböen über den Himmel segeln. Nur der bald einsetzende Regen, dieser manchmal überfallartige kalte Guss, den mögen sie auch nicht. Doch das Wasser kommt jetzt genau richtig.

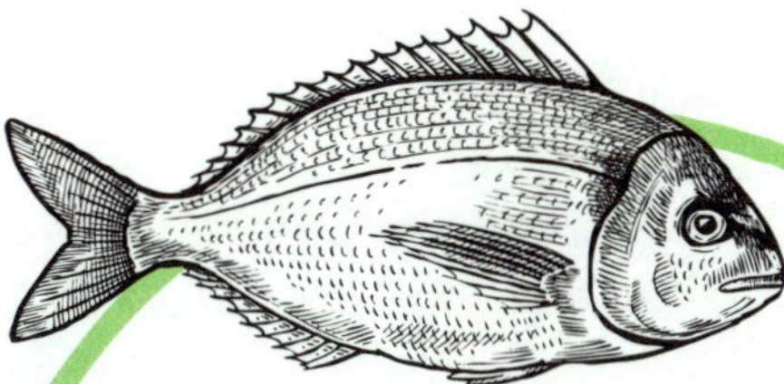

4.

Wasser ist Leben – Im Wasser ist Leben

Erst ist es nur ein leises Klopfen, eine Art Tapsen, fast unhörbar. Als tippten zarte Fingerkuppen auf das Fell einer kleinen Trommel. Es tröpfelt und drippelt auf Blätter, Äste, Steine und Rindenstückchen. Leise, verhalten, kaum wahrnehmbar. Dann wird es lauter, der Regen wird stärker und das Wasser, dieser Urstoff des Lebens, durchtränkt die Welt. So dicht fallen nach und nach die Tropfen, dass sie wie ein Vorhang aus Glasperlen, wie eine Wasserwand wirken, durch die die Welt, durch die Wald, Wiese und Heckensäume nur noch verschwommen zu sehen sind. Alles scheint irgendwie still zu werden, obwohl es allmählich pladdert und schüttet wie aus Kübeln. Es ist wie eine Kuppel aus gleichmäßigem Rauschen, eine alles erfüllende Hintergrundmusik, welche die anderen Töne abschirmt. An den Stämmen von Buchen, Vogelkirschen und Eichen beginnt es herunterzurieseln, schmale Wasserspuren, Rinnsale, die im Boden erst versickern, dann mehr und mehr winzige Kanäle spülen. Kleine Bäche entstehen, die sich ihren Weg suchen,

jeden trockenen Flecken durchfeuchten und den durstigen Boden tränken. Ein Teil dringt tiefer und tiefer, sickert durch die verschiedenen Bodenschichten hindurch und füllt gereinigt die Grundwasserströme auf. Anderes lässt die kleinen Bäche weiter anschwellen, sie befördern das kostbare Nass weiter zum Fluss, füllen Tümpel, Teiche und Seen, münden nach oft langer Reise ins Meer.

Wasser – das Element unseres Planeten Erde, das ihm eine Art Kosenamen, einen sozusagen kennzeichnenden Namen gegeben hat: Blauer Planet. Wasser ist die Substanz, die auf diesem Planeten am häufigsten vorkommt. Etwa 1,4 Milliarden Kubikkilometer verfügbares Wasser hat sie, unsere Erde, davon etwa 97% Salzwasser und nur etwa 3% Süßwasser. Der Wasserkreislauf gehört zu den aufregendsten Abläufen in der Schöpfung. Nicht nur, weil ohne Wasser kein Leben, ob pflanzlich, tierisch oder menschlich, möglich ist, sondern weil dieser Kreislauf ein geschlossenes System ist. Wer an Wasser denkt, dem erscheinen vor dem inneren Auge eher Bilder von unendlichen Fluten, von unerschöpflichen Wasservorräten, die sich beständig erneuern. Es scheint ein lebensnotwendiger Schatz zu sein, der niemals aufgebraucht werden kann. Doch das Kontingent vor allem an trinkbarem Wasser bleibt immer gleich. Der Wasserkreislauf bekommt keine zusätzlichen Mengen aus dem All. Der Gesamtwassergehalt der Erde verringert oder vermehrt sich nicht.

Wasser ist ein Element, das erstaunliche physikalische und chemische Eigenschaften hat. Wasser ist in allen drei Aggregatzuständen zu finden, gasförmig als Nebel und Dunst, flüssig und in größter Dichte als Eis, und es hat die höchste Oberflächenspannung von allen Flüssigkeiten. Das Erstaunlichste aber ist sein Innenleben, vor allem das des Grundwassers.

Ein Spaziergang durch den Wald im Frühling kann auf vielfältige Weise Begeisterung für das Ökosystem Wald auslösen. Auch die Kenntnis und Beobachtung der Vorgänge der Ökosysteme verschiedener Böden versetzen einen oft in Erstaunen. Beide Lebensräume sind für den Menschen durch seine natürlichen Sinne erfahrbar, fühlbar. Er kann sie tasten, zum Teil sogar riechen und schmecken. Aber wie faszinierend ist ein Lebensraum, der viele, viele Meter unter den Füßen liegt, unsichtbar, von den Menschen unbemerkt, ja, von dem sie in der Regel nichts wissen, und der einen einzigartigen Kosmos bildet mit einer biologischen Vielfalt, die so nirgends auf diesem Planeten noch einmal existiert. Ein Lebensraum in völliger Dunkelheit, in dem Sauerstoff und Nahrungsangebot in nur beschränktem Maß vorhanden und dessen Temperaturschwankungen das ganze Jahr über sehr gering sind. Das Grundwasser ist das größte von Süßwasser geprägte Ökosystem des Planeten und zugleich der wohl älteste kontinentale Lebensraum. Sein Umfeld bekommt extrem selten ein menschliches Auge zu sehen:

Die Hohlräume, die sich tief in den Gesteinsschichten der Erdrinde gebildet haben und die vielleicht außer den Augen eines Forschers am Bildschirm einer Sondenkamera niemand sehen wird. Diese Hohlräume werden Poren und Klüfte genannt, andere sind Kalksteinhöhlen, geformt in Tausenden von Jahren. In ihnen sammelt sich das Grundwasser und fließt in und durch ein System unterschiedlich gestalteter Kanäle und Höhlen in den Tiefen der Erde.

Kaum vorstellbar, aber dieser geheimnisvoll verborgene Lebensraum ist bewohnt durch eine große Vielfalt tierischen Lebens. Die Grundwasserfauna ist eine hochspezialisierte Lebensgemeinschaft, die zum Teil aus „lebenden Fossilien" besteht, aus Tieren wie den Brunnenkrebsen, die schon vor Millionen von Jahren auf der Erdoberfläche durch Klimaveränderungen ausstarben. Eine Lebensgemeinschaft, deren perfektes miteinander und aufeinander Reagieren in dieser verborgenen Welt einen genauso unschätzbaren wie unverzichtbaren Beitrag leistet. Etwa 2000 Tierarten gehören zur Grundwasserfauna weltweit, die meisten sind aufgrund der ständigen Dunkelheit und Enge des Lebensraumes blind, farblos und klein. Aber sie vertilgen und filtern in einem beständigen Prozess Bakterien und zum Teil auch Schadstoffe aus dem Grundwasser. Es ist eine phänomenale Reinigungs- und Filterleistung, ohne die die Versorgung mit sauberem Trinkwasser nicht gewährleistet werden könnte. Denn Trinkwasser wird zum großen Teil aus diesen unterirdischen Vorräten bereitgestellt. Es ist ein Vorrat, der manchmal schon Jahrtausendelang in den Tiefen der Erde schlummerte und der trotz seiner tiefen Verborgenheit ebenso in Gefahr ist wie das Wasser auf der Oberfläche der Erde. Auch aus diesem Grund erkannten die Vereinten Nationen 2010 das Recht des Menschen auf sauberes Trinkwasser als Grundrecht an.

An manchen Tagen kann man es am frühen Morgen gut beobachten. Langsam steigen sie aus den unteren Luftschichten auf, weiße Dunstwolken, helle Nebelfelder, die schwer von Feuchtigkeit über den Boden wabern. Bäume, Häuser, Gartenzäune schwimmen in einer milchigen See und die Luft scheint trinkbar geworden zu sein. Mit steigenden Temperaturen lösen sie sich auf, werden zu dunstigen, zarten Schleiern, steigen nach oben, kondensieren in den kühleren Luftschichten zu kleinen und großen Wassertropfen, finden sich zu Wolken zusammen, deren Basis langsam von weiß zu hellgrau und schwarz wechselt. Dann beginnt es zu tropfen, überall zu drippeln und zu fisseln auf Blätter und Zäune, an Mauern entlang, auf Dächer und an Fenster. Der Regen tränkt die Welt, wird in immer tiefere Bodenschichten eingesogen, füllt Tümpel, Teiche, Bäche und Flüsse. Ein Teil versickert bis ins Grundwasser, ein anderer Teil fließt weiter bis ins Meer.

Ein Millionen Jahre alter Kreislauf

Und der Kreislauf beginnt von vorn: Wasser verdunstet aus den Ozeanen, steigt in Pflanzen empor, füllt ihre Zellen, verdunstet aus Blättern und Blüten, steigt aus den Wäldern und Heckensäumen nach oben, schlägt sich als Nebel nieder, steigt höher und höher und bildet erneut Wolken, die abregnen und die Flüsse füllen, den Boden tränken und wieder versickern. Ein immerwährender Kreislauf, ohne den es kein Leben auf diesem Planeten gäbe. Ein Millionen Jahre alter Kreislauf, in den alles Leben auf dieser Erde eingebunden ist. Pflanzen, Tiere und auch der Mensch. Denn auch er lebt nicht nur vom Wasser, er selbst besteht zu einem erheblichen Teil aus Wasser. Je nach Alter und Gesundheitszustand von 60 bis zu 90%.

Für den Menschen ist es nicht nur lebensnotwendig, beständigen Zugang zu Trinkwasser zu haben. Der Mensch ist zutiefst eingebunden in diesen uralten Kreislauf des Wassers, eingebunden, abhängig und aufgrund der menschlichen Struktur, der Persönlichkeit und der ihm eigenen Fähigkeiten zu einem großen Teil auch verantwortlich für den Zustand des Wassers. Und das, obwohl bis heute alle Wissenschaftlerinnen und Wissenschaftler der Welt die Eigenschaften des Wassers noch nicht restlos erkennen und erklären können. Wie groß ist denn wirklich die Reinigungskraft des Wassers zum Beispiel in Bezug auf die vom Menschen produzierten Schadstoffe? Wie genau funktioniert Osmose, dieses beeindruckende Steigen des Wassers in den Pflanzen trotz der massiven Gegenbewegung der Schwerkraft? Neueste Studien entdecken zurzeit auch das Gedächtnis des Wassers. Es scheint, dass die Struktur der Wassermoleküle wie in einem Nervensystem fähig sind, Informationen zu speichern. Hat Wasser eine Erinnerung?[3] Und wenn die Ergebnisse dieser weltweiten Forschung sich bewahrheiten: was bedeutet das für den Zugang des Menschen zu diesem kostbaren, unersetzlichen und lebensnotwendigen Urstoff des Lebens und was in Bezug auf unsere Umweltverschmutzung? Wasser ist eines der Güter dieses Planeten, das zum Allgemeingut gehört. Es ist und bleibt für die Daseinsvorsorge jedes Menschen unabdingbar.

Manchmal tut es gut, sich einfach ruhig an einen Bach oder Fluss zu setzen und dem Strömen des Wassers zuzusehen. Es braucht keine großen Gedanken dabei. Keine naturwissenschaftlichen Erwägun-

gen, kein Nachdenken, kein Grübeln, keine Gebete, einfach nur am Ufer sitzen und schauen. Alles Oberflächliche, alles unruhige Denken loslassen, es wie mit den Wellen des Wassers davon treiben lassen. Einem Blatt nachschauen, wie es in den Wirbeln verschwindet, die kleinen Schaumkrönchen wahrnehmen, die Verfärbungen, das, was plötzlich auftaucht und wenig später wieder verschwindet, einfach nur schauen. All dies einfach nur betrachten. Eine solche Zeit am Fluss, an einem Teich, sogar an einer Regentonne, in die der Platzregen hineinpladdert, die beständig überläuft und doch nicht leer wird – all das kann nicht nur tiefe Ruhe schenken. Es lässt in mir ganz langsam etwas aus den Tiefen meiner Seele hochsteigen. Und es lohnt sich, dies zuzulassen. Vielleicht wird es nicht sofort deutlich. Vielleicht braucht es immer wieder so eine Zeit am Wasser. Aber dann ...

5.

Schöpfungsbetrachtung als Frage nach dem Menschen?

Sich auf die Schöpfung einzulassen, sie in kleinen Schritten, langsam, aber mit offenen Sinnen, mit offenem Geist und weit offenem Herzen aufzunehmen und sich berühren zu lassen von ihr, ist ein ganz eigener Weg. Ein Weg, ein Prozess, seine Umwelt, sich selbst und das Leben an sich wahrzunehmen, zu spüren und immer mehr und immer tiefer zu begreifen. Alle Schöpfung hat einen Aufforderungscharakter. Ohne dass der Mensch erst bestimmte Techniken, Rituale oder Gebetsformen sich aneignen muss, lockt und führt sie ihn, spricht ihn an auf einer sehr tiefen Bewusstseinsebene. Es braucht keine gut gestalteten Meditationsräume. Eine langwierige Einführung ist nicht notwendig. Ein weiser Lehrer oder eine erfahrene Lehrerin können vielleicht eine Hilfe sein, sind aber keine Vorbedingung. Was es braucht sind etwas Mut und Offenheit. Dazu gehört auch: Fragen laut werden zu lassen. Fragen, die vielleicht schon länger im Herzen und im Kopf darauf warten, dass der Mensch über eine Antwort wenigstens nachdenkt.

Gerade am Ende des Winters, wo wenig oder kein Grün zu sehen ist, kann ein gefrorener Boden, können blattlose Äste und vergilbte Rasenflächen einen guten Impuls geben, sich der eigenen Sehnsucht bewusst zu werden. Den Blick auf eine Landschaft ohne Blüten und Frucht, ohne satte Farben zu lenken, scheint zunächst trist und wenig anziehend zu sein. Aber das ruhige Schauen löst. Vieles, was im Menschen versteckt, verborgen, unsichtbar ist, darf an die Oberfläche kommen, darf bewusst werden. Die Schöpfung mit all ihrer Kargheit ist auch in diesen Monaten mehr als ein einfaches Symbol. Denn jedes Lebewesen, jede Pflanze, jede jahreszeitbedingte Situation ist in der Schöpfungsmeditation nicht nur ein Bild, eine Darstellung, ein Symbol wie es zum Beispiel auch ein Verkehrsschild oder ein Piktogramm ist. In der Betrachtung werden sie zu Symbolen mit einem Bedeutungsüberschuss. Das meint: Indem ich sie betrachte, bekommen sie einen Verweischarakter. Sie weisen hin, man könnte auch sagen, sie übertragen die in diesem Teil der Schöpfung – im Lebewesen, in der Pflanze – enthaltene Bedeutung auf Anteile meines Lebens. Durch das Betrachten der einzelnen und höchst unterschiedlichen Elemente der Schöpfung oder auch der Schöpfung insgesamt zusammen mit dieser Übertragung öffnen sich Kanäle zu den tiefsten Ebenen meiner inneren Welt. Löst das Angst aus? Unbehagen? Will ich wirklich wissen, was in mir lebt? Jeder Mensch ist nicht nur eine eigene Schöpfung, die wertvoll und zum Leben bestimmt ist. Jeder Mensch ist auch unlösbar eingebunden in die Schöpfung der gesamten Welt. Sich dieser Tatsache bewusst zu werden, es zu spüren mit allen Fasern und Anteilen des Lebens, schenkt tiefe Freude und Zufriedenheit. Die Meditation der Schöpfung ist ein Weg dazu.

Frühsommer
Hochsommer
Spätsommer

6.

Eine Farbe mit tausend Nuancen

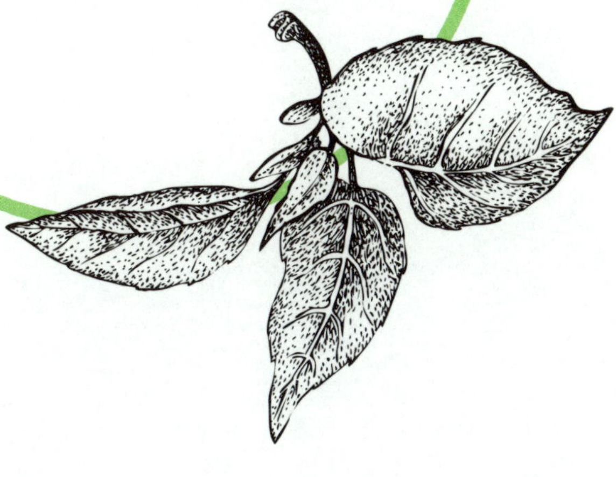

Es pulsiert. Oder vibriert, wie von innen heraus. Dieses Leuchten lebt. Es leuchtet mit einer Intensität, die körperlich spürbar ist. Vom Gefühl her ist diese Pracht wie über Nacht hervorgekommen, hervorgesprossen in einer berauschenden Fülle. Nach langen kalten Tagen ist die Vegetationstemperatur endlich angestiegen. Ein Impuls, eine Aufmunterung, wie ein Weckruf, den die Schöpfung mit Verve beantwortet.

Grün ist die bestimmende Farbe des Frühsommers. Auf der Farbtonskala ist sie eigentlich nur die Mischung der Primärfarben Blau und Gelb. Aber was macht die Schöpfung daraus! Wenn der morgendliche Sonnenstrahl über die Landschaft blitzt, beginnt ein Spiel von Licht und Schatten, das alle Facetten der Grüntöne hervorlockt. Die jungen Eichenblätter ganz oben scheinen irgendwie das Licht anzuziehen, so sehr leuchtet das helle Grün aus der Höhe herab. Der Schein wandert, je mehr die Sonne hochsteigt, nach unten, Blatt für Blatt glänzt auf, saugt sich regelrecht voll mit dieser blendenden Lichtenergie. Die Birkenblätter in der Nähe, mit einem Grün, das einen Hauch dunkler ist, bewegen sich leise, so als spielten sie mit dem Sonnenschein. Hin und her schwingt die lichte Krone über dem weißen Stamm, als tanzte sie den mächtigen Eichen die Leichtigkeit des beginnenden Sommers vor. Buchenblätter sprengen die bräunliche Hülle, entfalten sich wie grünes, schimmerndes Plissee, während auf den Wiesen darunter Scharen von hoch aufgerichteten Halmen wogen. Jede Art mit einer weiteren Nuance in dieser Farbe des Lebens. Der dunkelgrüne Breitwegerich mit seinen gekerbten Blättern, die sich unten am Boden ducken. Rote und weiße Taubnesseln, die Blüten in Quirlen stehend unter gezähnten und genarbten Blattformen, bunte Tupfer im grasgrünen Meer. Das Wiesenrispengras mit seiner grünlich-weißen, filigranen Blüte, das graugrüne Knäulgras und der freche Wiesen-Fuchsschwanz, dessen lanzettförmige Spitze sich keck nach der Sonne zu strecken scheint.

Schon im alten Ägypten haben die Menschen versucht, dieser Farbe habhaft zu werden. Diesen Ausdruck, dieses Symbol des neu aufbrechenden Lebens in ihrer Kunst und Kultur einzusetzen und so die damit verbundene Kraft und Magie des Wachsens und Werdens zu bannen. Sprachwissenschaftlich stammt das deutsche Wort grün in seinen Anfängen aus dem Germanischen. Schon vor dem 8. Jahrhundert ist es als gro-a bezeugt, als ein Begriff für wachsen[4]. Beim Anfertigen von Malereien, zum Färben von Kleidung und Tongefäßen und bei

der Kolorierung von Handschriften waren die Menschen aller Jahrhunderte erfinderisch. Durch das Zerkleinern und feinste Verreiben von zum Beispiel Mineralien wie Malachit (Kupferspat) oder Chrysokolla (Kupferkiesel) gewannen sie grüne Pigmente, mit denen es möglich war, die Lebenskraft der sie umgebenden Schöpfung nachzuahmen.

Moderne Künstler und eine alte Nonne

Die Malerinnen und Maler aller Epochen bemühten sich in der Regel, das Grün der Schöpfung so naturgetreu wie möglich auf Pergament und Leinwand zu bringen, allerdings war die Vielfalt der Farbe meist zweitrangig. Wichtiger waren die zeichnerischen Elemente und die naturgetreue Wiedergabe des Motivs. Besonders beeindruckend waren darum die neuen Wege der Impressionisten Ende des 19. Jahrhunderts, die von der bis dahin üblichen Maltechnik abwichen. Claude Monet, Pierre Auguste Renoir und Paul Cezanne, sie und viele andere Maler betonten den Wert und die Vielfalt der Farbe und forcierten durch das eingefangene Spiel von Licht und Schatten auf Menschen, Tieren und Pflanzen den persönlichen Blick, den Eindruck, die Impression des jeweiligen Betrachters. Sie malten oft draußen im Freien, um die Intensität ihrer persönlichen Sinneseindrücke von Wald, Wiese und Wasserflächen ohne Abstriche zu übertragen. Das damals sehr begehrte Pariser Grün oder Schweinfurter Grün, ein Farbton aus arsenhaltigen Mineralien, bestach durch seine Farbstärke und Lichtechtheit, brachte aber, wie erste Erkenntnisse schon Mitte des 19. Jahrhunderts zeigten, auch große gesundheitliche Gefahren mit sich.

Über die Jahrhunderte ließen sich Künstlerinnen und Künstler vom Leuchten, Strahlen und vom pulsierenden Leben der Grüntöne in der Schöpfung inspirieren. Für eine Frau im Hochmittelalter aber wurde das Grün der Schöpfung zu einem Symbolbild von zentraler Bedeutung. Sie war Literatin, Komponistin, schenkte neue Motive für zeitgenössische Illustratoren, war Naturheilkundige und Visionärin. Und sie stand als Äbtissin einem bis heute weltberühmten Benediktinerinnenkloster vor. Für Hildegard von Bingen (1098–1179) war grün *das* Symbol des Lebens überhaupt, ein Sinnbild der Naturkräfte, aber auch der seelischen Gesundheit und der geistigen Tiefe des Menschen sowie die Lebenskraft einfach aller Elemente der Schöpfung. Die *viriditas*, die Grünkraft aus Gottes Hand, für Hildegard der Schlüsselbegriff für das Leben schlechthin. Das Weltverständnis und Menschenbild der mittelalterlichen Äbtissin war geprägt von der Symbolsprache ihrer Zeit. Sie sah alle und alles miteinander verbunden, sich gegenseitig dienend, um so dem Menschen und allem, was mit seinem Lebensbereich verbunden war, einen Raum zu schenken. Schöpfung als Geschenk des Schöpfers an seine Geschöpfe. „Bei einem solchen gegenseitigen Bund gab die Erde ihre Lebensgrüne (viriditas) je nach Art und Natur des Menschen, wie auch entsprechend seiner Denkweise und seines Lebenswandels." (PL 1125A)[5]

Die Sichtweise der berühmten Äbtissin aus Deutschland beruhte auf den Kenntnissen der damaligen Zeit, ihrer tiefen Gläubigkeit und den von Gott geschenkten, außergewöhnlichen Einsichten. „Es spricht für die geistige Kühnheit dieser mittelalterlichen Frau, dass sie sich einfach nicht mit den natürlichen Sinnbildern zu beruhigen vermag, dass sie ihre Schau von der Welt immer auch zu transzendieren weiß und in einen eschatologischen Horizont zwingt. Auf diese Weise wird ihr nicht von ungefähr gerade die augenscheinlich so natürliche Grünkraft zum Spiegelbild für jene Grünheit, die im Grunde der Ewigkeit verborgen liegt. (...) Insofern kann Hildegard sagen: Es gibt eine Kraft aus der Ewigkeit, und diese ist grün."[6]

Mit dem Wissen und den Vorstellungen heutiger Menschen scheinen diese Aussagen nicht übereinzustimmen. Aber lag Hildegard mit ihrer Einschätzung grundsätzlich falsch? Ist nicht das Leben auf diesem Planeten Erde ein riesiger Verbund der verschiedenen Elemente, Lebewesen, Existenzen, die vieles miteinander verbindet und die aufeinander angewiesen sind? Eines haben sie jedenfalls fast alle gemeinsam, ob Kellerassel, Pilz, Rosenstrauch, Eichhörnchen und Fuchs und auch der Mensch. Sie brauchen Luft. Sie brauchen Sauerstoff.

7.

Wie Hände, die schützen

Manchmal kann man es beobachten, wenn alles in der Schöpfung mit Macht wächst und wuchert. Wenn alle Laubbäume bei völliger Windstille jede kleinste grüne Blattoberfläche aktiv dem Licht entgegenstrecken und das Sonnenlicht darauf trifft. Man muss nur sehr genau hinschauen, dann kann man es manchmal sehen: die Luft scheint über ihnen irgendwie zu vibrieren, zu wabern, als gäbe es dort oben etwas, das wie ein durchsichtiger, zarter Nebel über den Baumkronen weht. Der Sommer regt nicht nur bei Menschen und Tieren den Kreislauf an und bringt den Stoffwechsel auf Touren. Auch in der Pflanzenwelt laufen die verschiedenen Vegetationsvorgänge jetzt intensiver. Die Luft, die über den großen Laubbäumen zu wabern scheint, ist Wasserdampf. Auch Bäume „trinken" im Sommer mehr und sie verdunsten über ihre Blätter enorme Mengen an Wasser. Jedes Blatt hat sogenannte Spaltöffnungen, Stomata. Winzige Organe in den oberen Schichten jeden Blattes, die mit einer Einlasslücke zwischen zwei Schließzellen verantwortlich sind für den Gasaustausch der Bäume. Diese winzigen Spaltöffnungen, meist nur so groß wie etwa 1% der jeweiligen

Blattoberfläche, reagieren überaus empfindlich auf Umweltfaktoren wie Licht, Außentemperaturen und Luftfeuchtigkeit. Jedes Blatt an jedem Baum, Millionen von kleinsten Chemieanlagen, die unsere Welt erst möglich machen.

Es ist ein faszinierender Austausch dort oben in den dichten, grünen Kronen der Bäume. Ein Tausch, der das Kohlendioxid (CO_2) aus der Luft absorbiert, es für die Nahrung des Baumes umwandelt und Sauerstoff (O_2) in die Atmosphäre zurückgibt. „Pro Quadratkilometer werden von den Bäumen an jedem Sommertag rund 10.000 Kilogramm in die Luft entlassen. Das reicht bei einem individuellen Tagesverbrauch (des Menschen an Sauerstoff M.A.L.) von einem knappen Kilo für ebenso viele Menschen."[7] Es ist eine phänomenale Leistung von Tausenden dieser grünen Produktionsstätten von Beginn des Austriebs an bis zum Blattfall im Spätherbst. Aber dann? Wo kommt der Sauerstoff her, wenn die Blätter, wenn grüne Triebe und ebenso alle übrigen pflanzlichen Sauerstoffproduzenten verschwunden sind? „Unsere Rettung sind globale Luftströme, die ständig frischen Meereswind über die Kontinente pusten. Im Salzwasser leben unzählige Algen, die rund ums Jahr kräftig Sauerstoff aus dem Wasser sprudeln lassen."[8]

Ein lebensnotwendiger Kreislauf für alles Leben auf der Erde. Doch nicht immer schützte eine Lufthülle den Planeten. Erst vor etwa 3 bis 3,5 Milliarden Jahren begannen

Bakterien den Sauerstoff zu produzieren und in ihre Umgebung abzusondern. Heute sind 21% Sauerstoff in unserer Umgebungsluft enthalten. Das schaffte – vor ca. 2,5 Milliarden Jahren – überhaupt erst die Voraussetzung der Möglichkeit, Leben entstehen und wachsen zu lassen und baute zugleich die Stratosphäre auf. Wie eine Kuppel umspannt diese Atmosphäre in 15 bis 30 km Höhe den Erdball und sie ist ein überaus wichtiger Schutz vor den schädlichen Strahlen aus dem All. Ein Bereich aus umgewandelten Sauerstoffmolekülen (aus O_2 wird O_3) bildet in ihr die Ozonschicht, die diese Strahlen absorbiert. Sie ist ein riesiger Schutzfilm, der erst 1913 durch die zwei französischen Physiker Charles Fabry (1867–1945) und Henri Buisson (1973–1944) entdeckt wurde und dessen notwendige Geschlossenheit und Dichte durch die Treibhausgase unserer industriellen Errungenschaften gefährdet wird.

Erdschattenbogen und blaues Licht

Der Blick in einen hellen Sommerhimmel am Morgen verzaubert durch die klare hellblaue Farbe und kann aufmuntern und den Tag trotz vieler Belastungen gut werden lassen.

Gerade die Abende im Sommer aber verlocken dazu, sich einfach einmal still nach draußen zu setzen. In den Garten hinter dem Haus, auf den Balkon mit seinen aufblühenden Blumen, in eine ruhige Ecke im Park oder nach gemächlichem Abendspaziergang auf die Bank am Waldrand. Es ist lange hell an solchen Abenden. Auch dann noch, wenn die Sonne mit dem letzten Schein gerade hinter dem Horizont verschwunden ist. Die roten, orangefarbenen und die weichen Gelbtöne färben noch wie ein letzter Gruß den Himmel und helfen dem Menschen die Alltagssorgen für einige Augenblicke beiseite zu lassen. An manchen Tagen taucht dabei ein besonderes Phänomen auf. Sobald die Sonnenscheibe im Westen untergegangen ist, erscheint gegenüber im Osten ein dunkler, grau-blauer Bogen am Horizont, direkt über dem Erdenrund. Der Erdschattenbogen ist ein relativ seltenes, aber umso bemerkenswerteres Ereignis, bei dem sich die Krümmung des Erdballs in der Luftschicht darüber spiegelt.

Wesentlich häufiger und bekannter ist das blaue Licht, das magisch, geheimnisvoll und verzaubernd den Abend mit der Blauen Stunde beschenkt. Es lässt nicht nur zur Ruhe kommen, es öffnet den Menschen, es öffnet uns. Vieles, was die Unruhe und Geschäftigkeit des Tages zur Seite geschoben hatte, all die kleinen und großen Sorgen, die Nichtigkeiten, die vergeblichen Bemühungen, all die Fehler und Unzulänglichkeiten, alles, was belastete, das darf jetzt schon mal schlafen gehen. Jetzt ist die Zeit sich dem zu öffnen, was tiefer liegt in uns, was die alltäglichen Beunruhigungen verdeckten und verschleierten. Die Ruhe, vielleicht ein letztes Vogelzwitschern und die Atmosphäre des stillen blauen Abends schenken nicht selten tiefe Einblicke in das, was wir unser Leben nennen.

Vielleicht taucht jetzt gerade der Gedanke an die phänomenale Sauerstoffproduktion der Schöpfung auf – an die Tausende und Abertausende Bäume und Pflanzen auf der Welt und an die Milliarden von Bakterien und Algen, die die Menschheit und die Tierwelt mit diesem lebensnotwendigen Gas versorgen. Vielleicht auch ein staunender Gedanke an die unermesslichen Weiten über uns, die Ozonschicht, die letztlich auch verantwortlich ist für das blaue Licht, da sie gerade jetzt den roten und gelben Anteil des Lichtes verschluckt und nur ein Blau, nur dieses tiefe, leuchtende, magische Blau übriglässt.

Die kühlere Luft eines solchen Abends lässt vielleicht immer wieder tief durchatmen, lässt einen Schluck nehmen von diesem kostbaren Lebenselixier. Einen Atemzug der Luft, die im weiten Rund der Erde in beständigem Austausch ist. Ich atme ein, ich atme aus, ich fülle meine Lungen mit diesem köstlichen Stoff, mein Körper verbraucht einen Teil des Sauerstoffs und gibt Kohlendioxid in die Luft zurück. Ein Kreislauf, in den ich, in den alle Menschen und alle Tiere, in den alle Pflanzen eingebunden sind. Hat der Atemzug, mit dem ich gerade meine Lungen fülle, seinen Weg von einer Buche aus genommen? Röhrte vielleicht kurz vorher noch ein Hirsch mit einem Anteil von diesem Sauerstoff und nutzt vielleicht der Haselstrauch am Waldrand das Kohlendioxid, das ich ausgeatmet habe, für seinen Zellenaufbau, um wiederum als Abfallprodukt Sauerstoff an seine Umwelt abzugeben? Ein lebenslanger Kreislauf für mich, ein jahrhundertelanger, ein Milliarden Jahre dauernder Kreislauf, in den ich zusammen mit der gesamten Schöpfung eingebunden bin. Gedanken, die ein Bild vielleicht aufsteigen lassen vom blauen Planeten, der wie ein kostbarer Edelstein im All schwebt, umgeben mit einer lichtblauen, wundervollen Hülle. Mit einem Schutz, der verglichen werden könnte mit Händen, die diesen Planeten, die diese Schöpfung Gottes halten und sich um sie sorgen. Hände eines Schöpfers, der diesen Kreislauf bildete und im Sein zu erhalten bestrebt ist.

8.

Vibrieren, bürsten, tapezieren, mauern, verkleben: Wildbienen, Hummeln und Co.

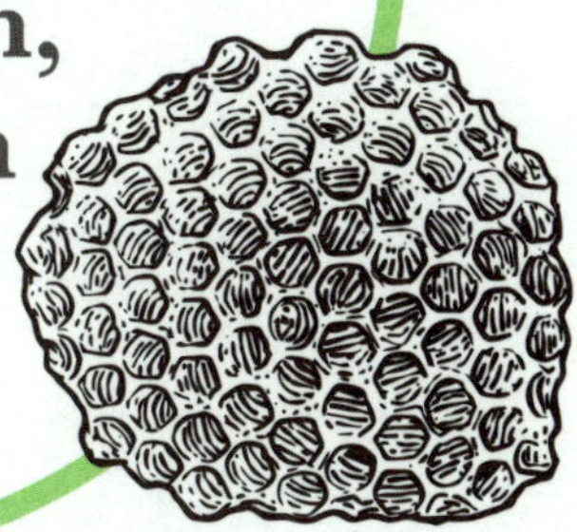

Zuerst ist es so ein dunkles Brummen. Kein irgendwie gefährlicher Tonfall, eher gemütlich. Aber dann ändert sich das Geräusch: kein dunkles Gebrumm mehr, kein gemütliches Summen. Es ist ein hohes Sirren und es ist nur kurz zu hören. Dabei beginnen die Blütenwände vor der Hauswand leicht zu zittern, der ganze Blütenkelch wackelt sacht hin und her, bis das Sirren wieder verstummt. Und dann krabbelt aus der Fingerhutblüte in dunkel leuchtendem Pink ein pummeliges, pelziges Insekt. Zuerst schiebt sich das weiße Hinterteil heraus, dann folgt der schwarz-gelbe Körper mit kleinen, pinkfarbenen Klümpchen an den Hinterbeinen. Lange bewundern kann man dieses rundliche und irgendwie bedächtige Tierchen nicht, denn es fliegt zügig in die nächste Blüte. Dann folgt erneut dieses seltsame, hohe Sirren, die Wände der Fingerhutblüte wackeln ein wenig, alles wiederholt sich.

Hummeln, die bepelzten Verwandten der Honigbiene, gehören zu den ca. 560 Wildbienenarten in Deutschland. Was da so niedlich, so pummelig gemütlich von Blüte zu Blüte fliegt, gehört zu den ältesten Insekten auf diesem Planeten. Seit mehr als 80 Millionen Jahren leben auf unserer Erde verschiedene Bienenarten und bereits vor 25 Millionen Jahren soll es Hummeln gegeben haben. Ähnlich wie

bei ihren gezähmten und ständig weiter gezüchteten Verwandten, den Honigbienen, entwickelt sich jedes Jahr im Frühling ein neues Volk. Die dafür zuständige Jungkönigin kann mehr als zwei Zentimeter Länge erreichen, wie zum Beispiel die Königin der Dunklen Erdhummel. Wenn sie im Frühjahr, manchmal schon im späten Februar, in kreisenden Suchbewegungen dicht über den Gartenboden summt, erinnert das ein wenig an einen Hubschrauber. Dann sucht ihre Majestät intensiv. Intensiv, ausdauernd und mit höchster Aufmerksamkeit richtet sie ihre Augen auf verlassene Mausgänge, auf Löcher in der Erde, die eine potentielle Nistmöglichkeit signalisieren. In ihrem Bauch lagern seit dem vergangenen Spätsommer die ersten befruchteten Eier, mit denen der Aufbau des neuen Staates begonnen wird. Den ganzen Winter über hat sie die befruchteten Eier bewahrt, um nun mit ihnen in einem neuen Nest ein neues Volk aufzuziehen.

Wer dieses pummelige Tierchen beobachtet, kommt manchmal ins Grübeln. Der Körper einer Hummelkönigin ist groß und wirkt eher massig im Verhältnis zu den kleinen, zarten und durchsichtigen Flügelchen. Wieso kann dieser pelzige Hautflügler, der mit dem lateinischen Artennamen auch noch *Bombus* heißt, wieso kann der fliegen? Der Trick ist Power, ist Kraft und Geschicklichkeit. Hummeln haben eine hohe Flügelschlagfrequenz, mit der sie die Luft unter ihren Flügeln so stark verwirbeln, dass Auftrieb entsteht.

Und das ist nicht die einzige verblüffende Fähigkeit. Hummeln ernähren sich wie alle Bienenarten von Nektar und Pollen. Nektar, dieser süße Stoff, den die meisten Blütenpflanzen reichlich an ihrem Blütengrund bereitstellen, der lockt ungemein, ist aber nicht immer leicht zu bekommen. Er enthält Zucker (Saccharose, Glukose, Fructose), Vitamine, Mineralstoffe, zum kleinen Teil auch Proteine und Aminosäuren. Um an diese schmackhafte und kohlenhydratreiche Leckerei zu kommen, kriechen Hummeln wie auch die anderen Wildbienenarten an den Staubgefäßen der einzelnen Blüten vorbei, die den Pollen tragen. Pollen, diese meist außerordentlich eiweißreiche Nahrung zunächst für die erwachsenen Tiere, ist dann aber besonders wichtig für den Nachwuchs im Nest. Pollen ist lebenswichtig, Nektar für die meisten Insekten auch, aber zusätzlich ist es eine herrlich süße Nascherei. Der männliche Pollen der Blüte muss zum weiblichen Fruchtknoten, für diesen Vorgang der Bestäubung sind Insekten in den meisten Fällen der sicherste und beste Weg. Viele Blütenpflanzen setzen sozusagen auf den leckeren Lockstoff Nektar, damit auf diesem Weg Frucht und vor allem Vermehrung möglich werden können. Nun bieten manche Blüten den Nektar auf dem Grund enger Röhren an, andere auf einer Blüte, die wie

ein einladender Teller wirkt. Hummeln haben besonders für einige der engeren Blüten wie die des Fingerhutes ein trickreiches Verhalten ausgebildet. Sie kuppeln sozusagen im Inneren der Blüte die Flügel vom Brustmuskelmotor ab und setzen sie in rasante Bewegung. Dabei ertönt ein hohes, sirrendes Geräusch und die Staubgefäße überschütten durch diese Vibrationen das listenreiche Insekt mit Pollenkörnern in enormen Mengen. Geschickt werden sofort anschließend Pelz, Beine, Flügel, einfach alles sorgfältig ausgebürstet, mit etwas Hummelspucke zusammengedrückt und als kleine Päckchen, als Pollenhöschen, in Vertiefungen an den Hinterbeinen verstaut. Vibrationssammeln, eine wirksame und höchst effektive Methode, um auf einmal richtig viel Pollen zu ergattern.

Ein ähnliches Vorgehen startet die Hummel auch bei niedrigen Temperaturen. Sie zittert sich warm und kann so im Erstfrühling starten, wenn die Temperaturen noch bei 2–3 Grad Celsius liegen. Manchmal werden diese pelzigen Verwandten der Honigbiene aber auch rabiat. Wenn eine Blüte noch nicht ganz geöffnet ist oder der Zugang zum verlockenden Nektar zu schwierig, wenden Hummeln noch einen Trick an. Sie beißen mit ihren kräftigen Kiefern einfach ein Loch in den Blütengrund, et voilà – der Weg zum Nektar ist frei. Und wenn der hungrige Hummelnaschtrieb gestillt ist, ist in der Regel noch Nektar übrig für andere, kleinere Wildbienen, die sich dann problemlos bedienen können. Man könnte diese pelzigen Pollensammlerinnen als eine Art soziale Panzerknacker bezeichnen, die allerdings überaus stechfaul sind, wenn man sie oder ihr Nest nicht gerade gezielt angreift. Sicher aber gehören sie zu den fleißigsten Bestäuberinsekten im weiten Rund der Wildbienenarten. In einem Radius von etwa einem Kilometer fliegen Hummeln bis zu 18 Stunden täglich und besuchen dabei an manchen Tagen fast 1000 Blüten. Wenn diese sympathischen Brummer größer wären – man würde sie glatt streicheln wollen.

Manchmal aber treffen auch diese trickreichen und so wichtigen Fluginsekten falsche Entscheidungen, etwa, wenn sie unvorsichtigerweise in einer meiner Regentonnen landen. Aus eigener Kraft können sie nicht entkommen und müssten ertrinken. Für mich immer eine Möglichkeit, sie nach dem vorsichtigen Herausfischen aus dem Wasser für eine Weile aus der Nähe zu betrachten. Meistens sind sie erschöpft und nicht in der Lage, sofort wieder zu starten. Dann hole ich mit dem nicht behandelten Ende eines Streichholzes einen Tropfen Honig aus der Küche und biete ihn der Hummel an, die sich auf meiner Hand ausruht. Es ist jedes Mal spannend, wenn sich der winzige Rüssel der Hummel ausstreckt und eine noch winzigere rote Zunge eifrig den Honig aufschleckt. Anschließend schwirren die inzwischen getrockneten Flügel probeweise einige Male, dann fliegt Frau Hummel eine Proberunde und ab geht es zum erneuten Pollensammeln.

Sehr geschickte tierische Architekten

Die kleineren wilden Verwandten der Hummeln sind ebenfalls nicht faul. Auch wenn manche im Verhältnis zu den pummeligen Hummeln als Winzlinge erscheinen, sind sie gleichermaßen höchst fleißige Bestäuberinnen und vor allem faszinierende Baumeisterinnen. Im Durchschnitt 9–12 Millimeter lang ist zum Beispiel die Rote Mauerbiene und sie macht ihrem Namen alle Ehre. Nach Wildbienenart sucht sie Löcher und Höhlungen in Lehmwänden, Totholzstämmen, Schilfstängeln oder ähnlichen Materialien und baut Kammer um Kammer für ihre Brut. Geschickt wird jeweils ein Ei auf dem „Pollenkuchen" gelagert, anschließend die Zelle mit einer Zwischenwand zugemauert und die nächste Brutkammer angelegt. Bis zu zwanzig Zellen hintereinander schafft

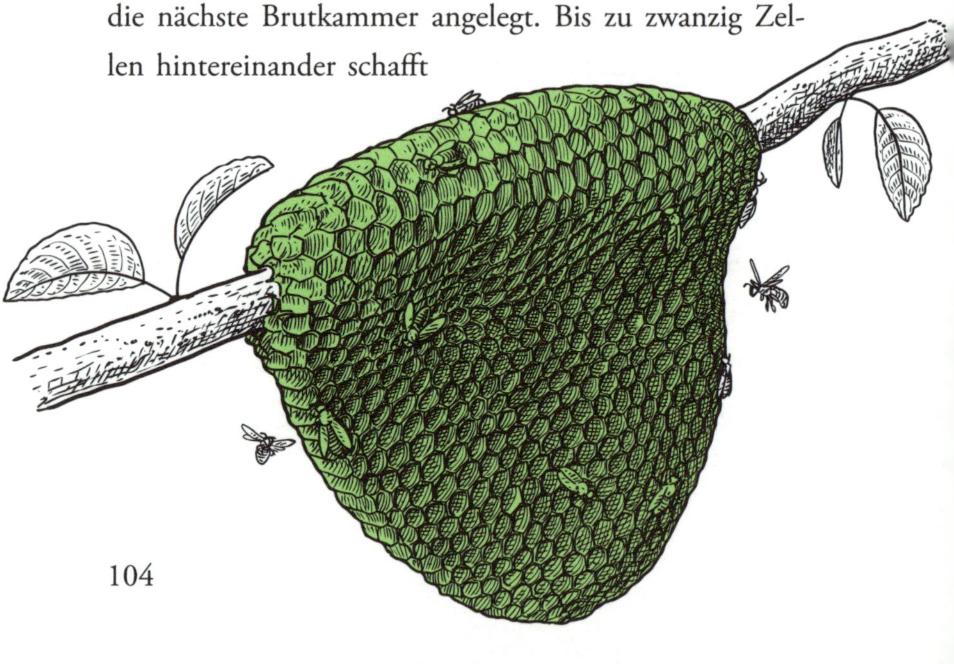

dieses winzige Insekt manchmal in dem kurzen Zeitraum ihrer Eiablage. Eine andere, aber ebenso faszinierende Form von Minibauwerken gestalten die Mörtelbienen. Sie erstellen mit ihrem Speichel und kleinsten Sandkörnern winzige, töpfchenartige Brutzellen ebenfalls für jeweils ein Ei und mauern es nach dem Einlagern von Pollen- und Nektarbrei oben zu.

Insgesamt 546 heimische Wildbienenarten fliegen in deutschen Landen, und bei allen ist der „Einfallsreichtum" bei der Gestaltung ihrer Nisthöhlen außerordentlich erstaunlich. Sie tapezieren die Brutzellen mit ausgeschnittenen Blättern von Laubbäumen (Blattschneiderbienen) oder Klatschmohn (Mohn-Mauerbiene). Sie tränken die Zellenwände mit einer aus Drüsensekret hergestellten Flüssigkeit (Seidenbienen), die die Wände wasserabweisend macht. Sie bauen Nester aus Nadelbaumharz an steilen Felswänden oder kleiden die Brutzellen mit Pflanzenwolle aus Salbei und Königskerzen aus (Wollbienen). Sie verschließen den Eingang zu ihren Niströhren mit Harzklümpchen (Löcherbienen), mit einem Überzug, der wie Wachsfolie wirkt (Pelzbienen) oder knüllen Pflanzenfasern zu einem dichten Knäuel zusammen als Schutz vor Fraßfeinden und vor Verpilzung der Brut durch Feuchtigkeit. Eine besonders trickreiche Klimaanlage baut die Furchenbiene. Sie gräbt rund um die Brutzelle im Lehmboden alles frei, stützt die Zelle durch zierliche Pfeiler und lässt einen Gang nach oben offen. So kann Wind durch diese winzigen Kanäle wehen; Frischluft, die die Wände trocknet und durch den Sauerstoffgehalt die Gefahr der Verkeimung und Verpilzung mindert. Zusätzlich sind die Wände mit einem Sekret aus ihren Drüsen getränkt, welches sie härter werden lässt. Es ist ein perfektes Lüftungssystem.

Wer anfängt sich mit diesen oft nur wenige Millimeter großen „Bienchen" zu beschäftigen, ist immer wieder verblüfft, welche Baumeisterqualitäten sie entwickelt haben, wie trickreich sie Eier und Nachwuchs zu schützen wissen und wie unverzichtbar sie sind für die Bestäubung der Blütenpflanzen, für die Artenvielfalt und damit auch für das Wachsen verschiedener Früchte. Und doch sind sie gleichzeitig äußerst bedroht. Denn manche von ihnen sind auf nur wenige oder manchmal auch auf nur eine einzige Pflanze spezialisiert und somit ständig von Dezimierung und Aussterben bedroht. Mit ein wichtiger Grund, wo immer es geht, artenreiche Blühwiesen anzulegen.

9.

Das köstliche Wachs der Honigbienen

Sie tanzen. Auf den Körpern der anderen Bienen tanzen sie und geben so die Informationen weiter. Vor Kurzem noch hatte sich erst der alte große Bienenschwarm geteilt. Innerhalb weniger Minuten war die Hälfte des Volkes mit der alten Königin ausgeflogen, eine riesige Schwarmtraube, die laut summend für einen Moment in der Luft kreiste. Dann, wenig später, hängen sie dicht an dicht gedrängt, die Köpfe nach oben, die Flügel eng an den Körper gelegt, ein einziger großer Organismus, am Stamm meines Säulenapfels. Eine riesige Anzahl Bienen eng übereinander, aneinander geschmiegt in Erwartung der nächsten Kommandos. Einige der ältesten und erfahrensten Tiere waren sofort mit einem klaren und dringlichen Auftrag abgeflogen: Alles abscannen nach einem neuen Nistplatz! Nun suchen sie konzentriert. Im Umkreis von wenigen Kilometern halten sie mit Hochdruck Ausschau nach einer neuen Heimat, denn die Zeit drängt. Die mitgenommenen Vorräte in den Honigblasen der Tiere reichen nicht lang.

Nach der Rückkehr der verschiedenen Sucherinnen dann tanzen sie. Bienenforscher konnten um die 1300 unterschiedliche Tanzfiguren feststellen, welche von den Sucherinnen als Informationen über die verschiedenen neuen Lebensmöglichkeiten vermittelt werden.[9] Die überaus variationsreichen Bienentänze erzählen auf diese Weise von den möglichen Nistplätzen, die sie gefunden haben, und die Bienen tanzen so lange, bis unter ihnen die „Diskussion“, das Auswahlverfahren abgeschlossen ist und die optimale neue Wohnmöglichkeit bestimmt wurde. Die Tänzerinnen, die den Weg dorthin kennen, geben die Nachricht mit Duftmarkierungen innerhalb der dichten Bienentraube weiter und animieren das ganze Volk zusätzlich mit piepsenden, von starken Schwingungen geprägten Geräuschen, sich auf den Weg zu machen. Mehrmals und mit immer noch weiteren neuen Sucherinnen vereint, fliegen sie zwischen dem Volk am Säulenapfel und dem neuen Nistplatz hin und her. Jedes Mal mit verstärkten Markierungen durch Brauseflüge und die Abgabe von Duftstoffen. Und dann, plötzlich, fliegen alle gemeinsam los. Eine dunkelbraune Wolke erhebt sich, bildet die Form einer Riesenzigarre und kreist für kurze Zeit noch über dem Platz. Angeführt von den Tänzerinnen und Sucherinnen brummt es und summt es weithin hörbar, und mit durchschnittlich 10 km pro Stunde machen sich bis zu 10.000 Bienen auf den Weg. Der neue Nistraum wird eingenommen und bietet der Königin und ihrem kleinen Volk einen auffordernden Impuls zur Volkbildung in einer von Parasiten freien, neuen Nistmöglichkeit.

Wer an Bienen denkt oder einmal in einen Bienenstock hineinschauen darf, dem gehen schnell bestimmte Assoziationen und Zuschreibungen über die Lippen: wuselig, hek-

tisch, unruhig, sieht alles aus wie ein großes Durcheinander. Aber kaum ein sozial in einem Staatenverbund lebendes Tiervolk ist derartig durchstrukturiert und bis ins Kleinste organisiert wie die Honigbienen. Aus drei verschiedenen Bienenwesen ist der Bien, das Bienenvolk gebildet und jedes Tier hat seine klar umgrenzte Aufgabe. Die Königin, als einziges Tier in der Lage unbefruchtete und befruchtete Eier zu legen, sorgt für den Nachwuchs, was bis zu 2000 Eier täglich bedeuten kann. Die männlichen Drohnen haben nur einen Auftrag: die jungen, frisch geschlüpften Königinnen zu befruchten. Welche Aufgabe die Arbeiterinnen haben, sagt schon ihr Name. Nach 21 Tagen, die sie zunächst als winziges Ei, dann als Made, Nymphe und zum Schluss als Puppe in der Brutwabe verbringen, schlüpfen sie als junge Biene. Von nun an ist ihr Leben von einer umfangreichen Liste an Aufgaben geprägt. Putzen, Maden füttern, Pollen und Nektar verarbeiten, Waben bauen, Wächterdienste übernehmen und nach einiger Zeit der Reife sind dann Sammelflüge auf der Tagesordnung. Wobei besonders beim Wabenbau sich diese kleinen Tiere als Meisterinnen der biologischen Architektur erweisen. Sie passen die Größe und Form der neuen Waben geschickt an die Gegebenheiten des Nistplatzes an. Und sind auch noch nachhaltig

dabei: Sie errichten exakte sechseckige Waben, die so viel Platz wie nötig bieten bei so wenig Materialverbrauch wie möglich. Eine optimale Ausnutzung auf allen Ebenen mit einem Material, dem Wachs, das ebenso wohlriechend wie formbar ist. Ein Vorgehen aus der Natur, das sich Städteplaner gut zum Vorbild nehmen könnten. Königin, Drohnen, Arbeiterinnen – eine riesige Anzahl dieser kleinen Tiere an einem räumlich relativ beengten Ort. Wie kann das ohne Chaos funktionieren?

Tanzen und duften

Bei einem so großen und klar strukturierten Staatenverbund geht das nur mit einem fehlerfrei entwickelten Informationsprogramm. Seit Jahrtausenden haben diese kleinen, fleißigen Honigsammlerinnen dafür das komplexeste Kommunikationssystem der Natur entwickelt. Es hat ganz eigene und überaus faszinierende Komponenten, die höchst differenzierte Signale aussenden. Im Grunde besteht dieses System aus einer variationsreichen Tanzsprache zusammen mit verschiedenen Pheromonen, Duftstoffen oder auch Informationschemikalien, die von den Bienen aus einer Hinterleibsdrüse abgegeben werden. Besonders diese Duftstoffe haben noch einmal spezielle Merkmale. Jede Bienenart hat sozusagen eine eigene Duftkennung – ob Königin, Drohne oder Arbeiterin. Und zusätzlich wird je nach Einsatzort und Situation ein darauf abgestimmtes Aroma beigemischt. Bei Eindringlingen in den Stock zum Beispiel wird das Alarmpheromon abgegeben, was blitzschnell alle Tiere im Bien, im Bienenstock in Verteidigungsbereitschaft versetzt. Speziell die Arbeiterinnen, die für die Aufzucht verantwortlich sind, geben ein Brutpflegepheromon ab. Die gesamte Nachrichtenübermittlung ist eine so ausgefeilte Informationsweitergabe, das sich jedes Wirtschaftsunternehmen daran messen lassen könnte. Ob Wabenbau, Nestklimatisierung oder die Bekanntgabe des Standortes der gerade voll aufgeblühten Trachtpflanzen – im Zusammenspiel von Tanzsprache und Duftstoffen werden alle notwendigen Informationen gezielt und deutlich weitergegeben. Ein spektakuläres Kommunikationssystem des Superorganismus Bien, das bis heute von Bienenforschern in aller Welt nicht bis ins Letzte erkannt und verstanden werden konnte. Wie so viele Abläufe in der Natur noch nicht erforscht sind und doch der Schutz solcher Tiere wie zum Beispiel der Bienen immens wichtig ist. Denn: „Durch die Bestäubung aller Obst- und der meisten Gemüsearten sorgen die Honigbienen für mehr als ein Drittel der Nahrungsmittel für uns Menschen. Indirekt ist der Anteil noch größer, wenn man bedenkt, dass das Tierfutter zur Fleischerzeugung zu einem erheblichen Teil ebenfalls aus Blütenpflanzen besteht, bestäubt durch die Bienen."[10]

10.

Schatten in der Nacht

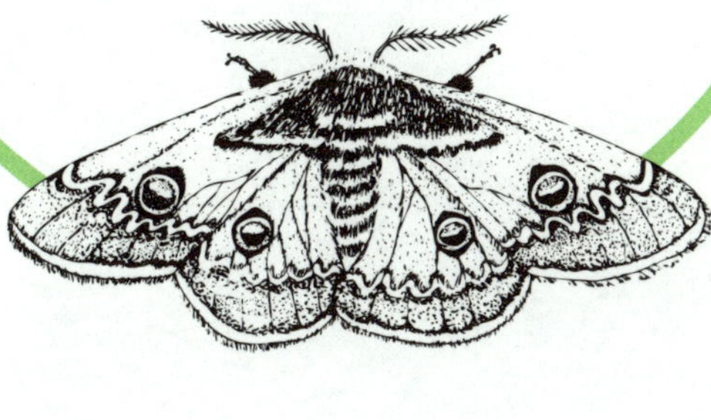

Lautlos, völlig lautlos, ohne jegliches Geräusch schwebt sie weiß und elegant über meinen Kopf hinweg, segelt mühelos über den breiten Brennnesselwall und ohne erneuten Flügelschlag, ohne sichtbare Anstrengung steigt sie leicht, einfach, wie spielend steil nach oben auf den weit ausgestreckten Eichenast. Für einen Augenblick sitzt sie dort oben, und es ist nachvollziehbar, dass frühere Generationen sie für den Geist einer Toten oder für einen Dämon hielten. Hier draußen, am Waldrand, am Beginn der lückigen Wiese ist es still. Nein, nicht nur still, sondern die Nacht scheint vollständig ohne irgendein Lebenszeichen zu sein. Ein buttergelber Mond beleuchtet regungslose Sträucher, das Knäulgras der Weide steht ohne sich zu rühren aufrecht, als würde es im Stehen schlafen. Kein Blatt bewegt sich, kein Windhauch streichelt über die Landschaft. Alles ist anders als am Tag. So als wäre plötzlich mit dem Sonnenuntergang eine andere Welt aufgetaucht wie ein Kulissenwechsel im Theater. Da, jetzt, ein kaum wahrnehmbares Fiepen, eine winzige Bewegung zwischen Grashalmen und Taubnesseln. Das Gesicht der Schleiereule dort oben auf dem Eichenast, diese herzförmige, hellbraun umrandete Maske mit den nach vorn gerichteten, schwarzen Augen dreht sich lang-

sam in die Richtung des leisen Geräusches. Dann ein kurzer, lautloser Flug, sie lässt sich genau über dem Wühlmaushügel fallen und erhebt sich fast sofort wieder in die Luft, zwischen den kräftigen Zehen die tote Maus.

Sommernächte können zu einem unerwartet spannenden Abenteuer werden. Wenn es still ist draußen und die Welt auf einmal irgendwie ohne Leben zu sein scheint, dann beginnt sich plötzlich überall etwas zu regen und zu bewegen. Aber man muss erst selbst still werden, geduldig warten und seine Sinne scharf stellen, dann kann man es wahrnehmen. Dann wird es einem plötzlich bewusst, wie viel Leben sich in der Nacht regt, ohne dass es die meisten Menschen ahnen oder sich vorstellen können.

Es beginnt schon, wenn die Sonne zu sinken anfängt. Und dann, gerade ist der letzte Hauch der glühenden Sonnenscheibe hinter den blau-schimmernden Wolken des Horizonts versunken, da erwachen sie. Die Dämmerung, die blaue Stunde beginnt und jetzt ist die Zeit der Nachtaktiven. Die Tagschläfer kommen aus

Erdloch und Strauchdickicht, krabbeln aus ihren Nistkästen, kriechen unter Rindenverstecken hervor und beleben die Nacht. Die starken Farben des Tages sind verblasst, jetzt leuchtet das Weiß der Schafgarbe, der Zaunwindenkelche, der Mondblume und die Rosa Nachtkerze öffnet ihre duftenden Blüten mit leisem Knistern ebenso wie ihre etwas unscheinbarere gelbe Verwandte, die Gewöhnliche Nachtkerze. Der Duft ihrer Blüten verströmt sich mit einem würzigen Hauch von Pfeffer. Süßer dagegen und manchmal regelrecht betörend duften Nachtviole, das Echte Geißblatt und viele Kräuter wie Lavendel, Thymian, Salbei und der Wilde Majoran. Sie geben jetzt eine kräftige Wolke ihrer paradiesischen Aromen in die Nachtluft ab. Auch der zarte Duft der Wegwarte und der kräftige Hyazinthengeruch des Nickenden Leimkrauts verströmt sich in die Nacht und er lockt. Er lockt gewaltig und es dauert nicht lange, dann kommen sie. Es ist ein Huschen, ein kaum hörbares Flattern, ein schwaches Schimmern von hellen Flügelchen im Mondlicht. Die Nachtschwärmer kommen. Sie tanzen auf und ab in der Duftwolke von Nachtkerze, Geißblatt und Kräuterbeet. Wer auch noch Nachtphlox, Madonnenlilie oder Nachtjasmin in seinen Garten gepflanzt hat, erlebt jetzt regelrecht einen Rausch, eine Ekstase, so turbulent taumeln und torkeln und kippeln die nachtaktiven Falter wie Zackeneule, Motte, Weinschwärmer oder Schlehenspinner über dem Blütenmeer.

Akrobatische Flugkunst mit Bio-Sensoren

Darauf haben die größten Jagdkünstler der Dunkelheit nur gewartet. Manchmal starten sie schon in der Dämmerung, schießen in einem kunstvollen Flug durch die sommerliche Abendluft, als wollten sie mit Schwalben und Mauerseglern um die ersten Plätze in der Disziplin Flugakrobatik konkurrieren. Wenn die Nacht beginnt und blaues Restlicht noch die freie Sicht auf Abendsegler und Braunes Langohr erlaubt, vollbringen diese Tiere unglaublich waghalsige Sturzflüge und neben der Bewunderung stellt sich der verblüffte Betrachter die Frage: Wieso können die derart geschickt durch die Nacht segeln? Fledermäuse sind Säugetiere, darum haben sie keine Federn. Also wieso können sie fliegen und vor allem, was befähigt sie in der Dunkelheit so rasant durch die Nachtlüfte zu sausen ohne mit Bäumen, Häusern oder anderen Tieren zu kollidieren?

Seit etwa 50 Millionen Jahren gibt es die Flattertiere und sie haben sich im Laufe dieser extrem langen Entwicklungsgeschichte zu hochkarätigen Spezialisten herausgebildet. Am Skelett einer Fledermaus sind die Veränderungen am Knochenbau im Vergleich zu anderen Säugetieren deutlich zu erkennen: Die Knochen der Vorderbeine samt den Fingerknochen sind stark verlängert und am Daumen wie an den Zehen der Hinterbeine ist das Tier mit spitzen und kräftigen Krallen bewaffnet. Allerdings unterscheidet sich eine Fledermausart deutlich von einer anderen allein schon durch die Größe. „Zu den Fledermäusen mit einer Flügelspannweite von 30–40 cm, die die Größe von Mauerseglern oder Staren erreichen, gehören der Große Abendsegler, die Breitflügelfledermaus und das Große Mausohr. Der Großteil der Fledermäuse kommt auf eine Spannweite von 20–30 cm und besitzt damit etwa Schwalben- oder Sperlingsgröße: z. B. Zwerg-, Bart-, Wasser-, Fransen-, Bechsteinfledermäuse und Langohren."[11] Über die Rückseite des gesamten Tieres mit Ausnahme des Kopfes spannt sich eine hauchdünne, aber ungemein sensible Flughaut. Sie wird durch ein spezielles Netz von Blutbahnen beständig versorgt und kann sich immer wieder erneuern. Verschiedene in der Flughaut angelegte Bio-Sensoren geben der Fledermaus ein genaues Feedback zur aktuellen Lage in der Luft und zur jeweiligen Flugbahn – mit eine der Ursachen für die waghalsige, akrobatische Flugkunst. Dadurch haben zum Beispiel einige der Fledermausarten den beeindruckenden Dreh heraus im Flug Insekten zu käschen und mit einem geschickten Schnipsen zum Mund zu befördern. Im Flug! Was für eine trickreiche Nahrungsbeschaffung. Und alles geschieht auch bei Neumond, wenn es stockdunkel ist, sie also die begehrte Beute nicht sehen können. Wie kann das funktionieren?

Ein altes deutsches Sprichwort sagt: „Wie man in den Wald hineinruft, so schallt es heraus." Fledermäuse sind Spezialistinnen der Echoortung. Sie schicken sozusagen ihre Rufe permanent beim Fliegen in den Wald, über den Teich oder entlang der Alleen, der Hecken und der Zäune. Im überaus fein abgestimmten Zusammenspiel von Kehlkopf und Luftröhre strömt hochfrequenter Ultraschall aus ihrem Maul, der von allen Dingen, auf die er trifft, zurückgeworfen wird. Die Antwort auf die ausgestoßenen Peillaute in der unterschiedlichen Stärke und im unterschiedlichen Umfang nehmen sie wieder auf, hören sie und erkennen daraus: Eichenstamm voraus!, Achtung Hauswand!, oder: hmmm, dicke, fette, leckere Motte in Reichweite!

Es sind keine Bilder wie Fotos oder klar strukturierte Zeichnungen, wie es die Sehorgane von Menschen oder großen Säugetieren liefern mit der entsprechenden „Bildbearbeitung" ihres Gehirns. Fledermäuse haben eine eher extrem schnelle Folge von Momentaufnahmen, die sie wahrnehmen. Bei den meisten Arten ist die Reichweite ihrer Ortungsrufe begrenzt, oft nur 20 bis maximal 50 Meter weit. Sie merken sich zusätzlich Hindernisse auf den Strecken, auf denen sie immer wieder jagen. Sie kartieren sich im Kopf sozusagen regelrechte Flugstraßen, vorausgesetzt, die Dichte der Beute lohnt ein solches Gedächtnistraining. Es klingt leicht und verständlich, diese Form der Orientierung in dunkler Nacht. Aber es ist eine phänomenale Leistung dieser klei-

nen Flugkünstler. Denn jedes Echo, das auf die Fledermausohren trifft, meldet nicht nur das Vorhandensein von Mücke, Motte oder Schnake. Ebenso kommen die Schallinformationen von Bäumen, anderen Tieren, Lichtmasten, Häusern und allen möglichen Hindernissen zurück. Sie alle müssen erkannt, sortiert und gegebenenfalls ignoriert werden, und zwar blitzschnell, korrekt und mit der passenden, sofort anschließenden Aktion: ausweichen oder fressen. Eine enorme Leistung, vor allem wenn man bedenkt, dass jedes Tier pro Nacht einen Energiebedarf hat, der, um ihn zu decken, zum Beispiel für die Wasserfledermaus den Fang von etwa 5000 Mücken bedeutet. Und das jede Nacht, den ganzen Frühling und Sommer lang bis in die Herbstmonate hinein!

Die verborgene Welt der Nachtaktiven lässt den aufmerksamen Lauscher nicht nur auf eine der 26 Fledermausarten in Deutschland aufmerksam werden. Es ist spannend und lehrreich zugleich in der Dunkelheit, ohne Licht, ohne Ablenkung durch Fernsehen, Radio oder Smartphone zu sitzen und die Sinne zu schärfen. Vielleicht schnürt gerade jetzt ein Fuchs vorbei, der mittlerweile auch in den Randgebieten der Städte immer häufiger zu sehen ist, eine Eule schwebt in der Nähe auf Beutesuchflug oder ein Igel verspeist laut schmatzend den nächsten dicken Regenwurm. Vielleicht sind solche stillen nächtlichen Abenteuer aber auch eine gute Gelegenheit, nicht nur nachtaktive Tiere wahrzunehmen, sondern die eigenen Gedanken endlich einmal wieder zuzulassen. Stille, vor allem die Stille der Nacht, besonders einer Nacht in der Natur, diese Stille kann klären, kann helfen zu hören und anzuerkennen, was unter der Geschäftigkeit und dem Lärm des Tages verschüttet, abgeschirmt und möglicherweise verdrängt schon lange darauf wartet, Gehör zu finden. Die Nacht mit ihrem verborgenen, oft so geheimnisvollen Leben kann ganz leise, vielleicht sehr sacht, vielleicht aber auch sehr nachdrücklich der Beginn einer unverhofften Chance werden. Der Chance, nicht nur Fledermaus, Eule und Nachtfalter kennenzulernen, sondern ein Stück weit auch sich selbst.

11.

Mal kugelig, mal kantig: Früchte Früchte Früchte

Die Oberfläche ist glatt, glatt und sonnenwarm. Nur eine kleine Stelle ist rau, dort, wo die Blütenblätter so lange anhafteten, bis sich die Beere zu formen begann und sich erst grün, dann, je größer und dicker und praller sie wurde, langsam auch tief dunkelblau färbte. Vorsichtig darauf gebissen löst der süß-säuerliche Geschmack Erinnerungen aus. Plötzlich riecht es nach harzigem Tannenholz; riesige Eichenkronen rauschen und die Bilder sind wieder da: Im Urlaub, beim Bickbeern-Pflücken im Bayrischen Wald, satt und müde auf einem schmalen Tannennadelteppich liegend und verzaubert nach oben schauen in diesen unglaublichen Eichenblattbaldachin. Es sind Erinnerungen aus meiner Kindheit, in denen sich die Erfahrungen unbeschwerter Sommerferien, köstlicher Beerenfrüchte und das Gefühl unbegrenzter Freiheit vermischen mit dem unwiderstehlichen Geruch und Geschmack des Waldes. Tief verankerten sich diese vielschichtigen Erfahrungen in der Seele, im Körper, in jeder einzelnen Nervenbahn. Jedes Gramm einer Blaubeere, einer Heidelbeere trägt den Hauch einer solchen Erinnerung in sich.

Der Sommer ist die Hauptjahreszeit der Ernte. Er ist eine Zeit der Fülle und des Überschusses. Nicht nur das Getreide und die Kartoffeln auf den Feldern werden eingefahren. Überall fruchtet es, bilden sich kleine und große, leuchtend farbige oder unscheinbare, fast unsichtbare Samen und Früchte aus. Alles Leben auf der Erde drängt danach sich zu vermehren, sich fortzupflanzen und ihre je eigene Spezies, ihre Art zu erhalten, sie weiter zu entwickeln und den sich verändernden Gegebenheiten anzupassen.

Werden, neu werden, ist ein permanenter Prozess im Leben auf diesem unglaublichen Planeten. Es wirkt manchmal, als öffne die Schöpfung gerade im Sommer eine riesige Trickkiste, betrachtet man die vielfältigen Formen der Samen- und Fruchtproduktion und ihre überaus pfiffigen Verbreitungstechniken. Wobei zunächst klar unterschieden werden muss, was ein Samen ist und was eine Frucht.

Samen sind Fortpflanzungsorgane mit einem Nährgewebe und einer Samenhülle, einem Schutzmechanismus. Ihr Ziel ist es, auch bei ungünstigen Keimungs- und Wachstumsbedingungen lange genug überdauern zu können, bis sich die Lebensumstände am jeweiligen Standort positiv verändert haben. Die Samen der Waldkiefer zum Beispiel erreichen eine Länge von bis zu einem Zentimeter, wenn man die Drehflügel mit berechnet. Diese kleinen, bräunlich durchsichtigen Flügelchen helfen, dass der Samen manchmal bis zu einem Kilometer weit durch den Wind verbreitet werden kann, um dort in einem neuen Habitus auf geeignete Wachstumsbedingungen zu warten. Ein relativ großer Samen dieser anspruchslosen Kiefernart, was deutlich wird im Vergleich zu den Samen anderer Pflanzen. Legt man zum Beispiel den Samen des Roten Fingerhutes oder den von verschiedenen Orchideenarten daneben, ist der Unterschied frappant. Die geringe Größe dieser Samen, oft weniger als 1 Millimeter Durchmesser, ergibt sich unter anderem aufgrund der dünneren Umhüllung durch die Samenschale und das Nährgewebe. Im Gegensatz dazu haben Früchte eine meist dicke, fleischige Fruchtknotenwand. Aber auch wenn manche Samen winzig sind, die Pflanzen machen diese geringe Größe durch eine große, manchmal absolut riesige Samenmenge wieder wett.

Eicheln zum Beispiel sind die Früchte des bekanntesten Baumes in Deutschland, der Stieleiche (Quercus robur). Sie bleiben in manchen Jahren mehr als zwölf Monate keimfähig, selbst unter einer dicken, lichtundurchlässigen Blätterschicht. Für die Mutterbäume bedeutet die Bildung solcher Früchte mit diesen Nährstoffspeichern eine enorme Kraftanstrengung, denn in diese Verbreitungsorgane lagern die Bäume große Mengen ihrer Reservestoffe ein, die in der Regel aus den Überschüssen der Photosynthese gebildet werden. Und diese Nährstoffe stehen dann während der aktuellen Wachstumsperiode nicht zum Aufbau des Stammholzes oder für die Anlage neuer Äste zur Verfügung. Eine Eichel kann mehr als drei Zentimeter Länge erreichen und diese Größe ist in der europäischen Waldfruchtproduktion der Pflanzen ungeschlagen.

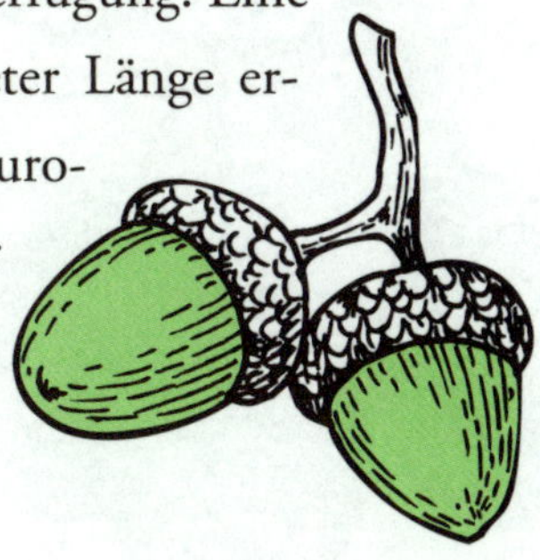

Eine staunenswerte Farbpalette

Die unterschiedlichen Größen und die Formenvielfalt der Samen sind erstaunlich. Nichts aber übertrifft den phänomenalen Reichtum der Früchte. Allein ihre Farbpalette würde einem Maler zur Ehre gereichen. Sie umfasst in vielen Schattierungen vom Weiß der Johannisbeeren und Misteln, dem Gelb einiger Pflaumen- und Apfelsorten, dem Gelbgrün der Weintrauben über das dunkelgelbe, eher sanfte – bei der Eberesche – oder eher knallige Orange beim Sanddorn staunenswerte Facetten bis hin zu den Abstufungen der natürlichen Rottöne: Das helle Rosarot der Hundsrose, das leicht glasige Rosarot der Himbeere, das leuchtende Rosarot des Pfaffenhütchens bis zu den korallenroten Beeren von Sauerdorn, Aronstab, Kornelkirsche und Weißdorn. Preiselbeere und Moosbeere dann sind mit ihren dunkelroten Früchten

fast so etwas wie eine Überleitung zu den dunklen Tönen in der fruchtigen Landschaft, für die die Brombeere mit ihrem Farbwechsel von dunkelrot zu Schwarz ein besonders deutliches Beispiel sein kann. Die giftige Einbeere zeigt sich in mattem Blauschwarz, Heidelbeere und Schlehenfrüchte, meist überzogen wie mit einem Hauch Reif, in kräftigem Blau; dem tiefschwarzen Farbton von Traubenkirche, Holunder und der glänzenden, hochgiftigen Tollkirsche. Manche Früchte haben auch Muster. Stachelbeeren zum Beispiel zieren sich mit weißen Streifen über dem gelben oder sanft rosafarbenen Fruchtfleisch. Und die so begehrten Erdbeeren, ob Zuchtformen oder die geschmacksintensiven Walderdbeeren, sie sind wie keck gepunktet.

Schönheit, Formenreichtum und die Fülle der Inhaltsstoffe von den Früchten der Schöpfung zu genießen, ist eine Sache. Aber wer realisiert dabei, was eine Frucht wirklich ist? Es ist ein einzigartiger Vorgang, wie eine Blütenpflanze das Überleben ihrer Art und die Eroberung neuer Standorte sichert. Denn nur Blütenpflanzen bilden Früchte, nur sie haben einen Fruchtknoten, aus dessen Fruchtknotenwand eine

Art Schutzzone gebildet wird mit einem Nährstoffspeicher, in welchem die heranreifenden Samen wie auf Abruf bereit liegen.

Auch über die Tricks, die Methoden zur Verbreitung der Früchte mit ihren Samen kann man nur staunen. Selbst sind die Pflanzen ja nicht in der Lage sich vom Fleck zu rühren, aber ihre Früchte mit den innen liegenden, geschützten Samen geben sie an das Wasser, an Regenströme, Bäche und Flüsse ab oder entlassen sie als Gleitflieger in die Luft. Die Fruchtflügel des Bergahorn zum Beispiel tragen den anhängenden Samen bis zu vier Kilometer weit. Früchte heften sich an Tierfelle oder auch an menschliche Kleidung wie mit winzigen Enterhaken oder Klettband und lassen sich so zu neuen Standorten bringen. Andere Samen sitzen wie auf einem Schleuderstuhl und werden bei der geringsten Berührung aus den Fruchtkörpern regelrecht herauskatapultiert. Und dann wird auch noch die Tierwelt als Transportdienstleister eingespannt. Eichelhäher und Eichhörnchen vergraben und verstecken Eicheln und Haselnüsse als Wintervorrat; in manchen Jahren können es mehrere tausend verbuddelte Früchte sein. Ein Glück für die Mutterbäume, denn da beide Tierarten die meisten Verstecke vergessen, ist die Verjüngung des Waldes größtenteils gesichert. Auch Amsel, Drossel, Fink und Star schmettern nicht nur ihre Lebenslust in den Sommerwind. Sie geben dabei lauthals die Informationen weiter, wo reife Kirschen, Johannisbee-

ren, Holunderbeeren und Brombeeren locken. Haben die Früchte den Verdauungskanal der fliegenden Liedkünstler passiert, fallen die noch keimfähigen Samen in neue Erde. Kleine Samen wiederum trägt die Rote Waldameise in ihr Nest und es ist nicht selten, dass die Gesamtsamenmenge einer Pflanze, zum Beispiel eines Buschwindröschens, dort eingebracht wird. Tief unter der Nestkuppel, bis zu zwei Metern unter dem Waldboden verborgen, ernähren sich die Ameisenlarven dann von den winzigen, höchst eiweiß- und fettreichen Anhängseln dieser Samen. Anschließend schleppen die Ameisen die sozusagen abgenagten Samen wieder aus dem Nest in die Umgebung hinaus, wo sie keimen und einwurzeln. Eine echte Win-Win-Situation.

Samen und Früchte, diese Überlebens- und Verbreitungsstrategien der Blütenpflanzen, bereiten dem Menschen nicht nur Freude über die Formen und Farben, über Düfte und Gaumenlust. Sie können ihn vor allem staunen lassen über die trickreiche Vielfalt der Schöpfung, den Planeten Erde immer wieder und immer neu mit wunderbarem Leben zu füllen. Ein rotbäckiger Apfel, eine Erdbeere oder eine Eichel in den Händen zu halten, sie anzuschauen, zu betrachten kann einladen, sich über die eigenen Früchte des Lebens einmal in Ruhe Gedanken zu machen.

12.

Vielfalt ist Leben pur

Die Schöpfung begnügt sich nicht mit Schwarz-Weiß. Sie will es bunt. Sie will es farbig, manchmal kunterbunt und intensiv, und sie pulsiert über alle Breitengrade hinweg rund um den Globus erfüllt von prallem, herausforderndem, staunenswertem Leben. Fülle, Vielfalt und Anpassung gehören zu den Urprinzipien ihres Wachstums. Wer sich nur von Zeit zu Zeit damit begnügt, mit einem prüfenden Blick die Frische der Kräutertöpfchen im Discounter zu beurteilen, wird nur schwerlich diesen Lockruf der Schöpfung wahrnehmen. Er wird taub sein, wie blind sein diese, ja, Verführung zu spüren, die eine einzelne Klatschmohnblüte ausstrahlt, die sie ausatmet, ausduftet. Diese Anziehung, dieser leise Anruf: Sieh mich an, berühre mich, spüre mich, lass dich ein auf das prunkvolle Rot meiner Blüte, auf die Seidenglätte meiner Blütenblätter, auf das Samenschatzkästchen, diese zerbrechliche, kugelige Architektur, die im Spätsommer sichtbar wird mit der zierlich durchbrochenen Wand, in der meine Samen auf Wind und Berührung warten, um auf neues Land mit neuen Möglichkeiten verstreut zu werden.

Eine einzelne Blüte, eine einzelne Frucht oder auch ein einzelnes Tier zu beobachten, zu betrachten und sich daran erfreuen zu lassen, tut dem Menschen zunächst einmal einfach gut. Aber bleibt das nicht unvollkommen? Und muss das nicht sogar defizitär bleiben, denn ist ein solcher Blick nicht ungefähr so, als würden bei einem Konzert die Bässe des gerade gespielten Musikstücks ausgeblendet werden? Die Vielfalt und Schönheit der uns umgebenden Schöpfung betrifft ja nicht nur die beeindruckende Farbpalette der Blütenpflanzen oder die verführerische Bandbreite der Kirschen-, Birnen-, und Apfelsorten. Sie lässt auch den Menschen nicht nur überrascht lächeln, wenn er beobachten kann, wie mutig und geschickt Eichhörnchen mit einer Haselnuss im Maul enorme Sprünge von Ast zu Ast schaffen. Die große Faszination wird vor allem spürbar, sichtbar, riechbar, wahrnehmbar, lasse ich mich ein auf die unbeschreibliche Vielfalt der Beziehungen untereinander in den unterschiedlichen Lebensräumen. Das ist wahrnehmbar oder besser: es wäre wahrnehmbar, wenn der eigene Blick es wahrzunehmen sich traute. Viel zu oft verschleiert ein menschlicher Nutzungsgedanke einen solchen tiefgreifenden, tief in die berauschend schöne Mannigfaltigkeit der lebensvollen Erdoberfläche hinein schauenden Blick. Es ist eine Linseneintrübung der immer noch weitverbreiteten Art.

Auch aufgrund der nicht mehr zu übersehenden massiven Veränderungen in unserer Umwelt hat in den letzten Jahrzehnten ein langsames, oft noch sehr zögerliches Umdenken begonnen. Schon 1987 wies der große britische Ökologe

Alastair Fitter im Vorwort seines berühmten Naturführers „Guide to the Wild Plant of Britain and Northern Europe“ auf diese Tatsache hin. Es habe sich, so Fitter, ein Umweltbewusstsein entwickelt, das sich in vielfältigen Aktivitäten äußere und dazu geführt habe, mehr über die Lebenszusammenhänge in der Natur erfahren zu wollen. „Sollte es uns tatsächlich gelingen, die Reste unserer noch heilen Umwelt zu bewahren, dürfte das daran liegen, dass wir viele Zusammenhänge heute besser verstehen.“[12] Aber reicht dieses Verstehen? Fitter schrieb dieses Vorwort 1987 und sicher ist seither eine Zunahme an Verständnis über Natur und Naturvorgänge festzustellen. Doch der Blick auf die Schöpfung scheint sich wenig bis gar nicht verändert zu haben.

Sallie McFague (*1933), amerikanische Theologin, beschreibt in ihrer Schöpfungstheologie diesen menschlichen, ausschließlich vom Nutzungsgedanken geprägten Blick als das „arrogante“ Auge. Sie entwickelte eine Schöpfungsspiritualität, die die Welt, die die gesamte Schöpfung mit einem liebenden Auge anschaut. Daraus erwachse ein Miteinander mit der Schöpfung, das der Beziehung zwischen Freundinnen oder Freunden entspricht. Die Natur als Subjekt! Sie anzusehen und zu verstehen nicht mehr als auszunutzendes Objekt, als Ressourcenreservoir. „We live to give God glory by loving the world and everything in it ... Made in God‘s image, we are to grow into that reality by doing what God does: love the world.“[13] „Wir leben um Gott die Ehre zu geben, indem wir die Welt (seine Welt) lieben und alles in ihr … Wir sind nach Gottes Bild geschaffen und wir sollen in diese Realität hineinwachsen, indem wir tun, was Gott tut: die Welt lieben."[14]

Schöpfungsmeditation ist der Weg eines vertrauenden Herzens genau diesen Blick sich entwickeln zu lassen. Einen speziellen Ort dafür braucht es nicht, keinen gut gestalteten Meditationsraum, keine Bänkchen, weder Räucherstäbchen noch Kerzenschein. Schöpfungsmeditation braucht nur offene Sinne, ein wenig Mut sich darauf einzulassen und vor allem ein Herz, das bereit ist sich zu öffnen und sich umgestalten zu lassen.

Stark wie ein Grashalm

Eigentlich ist es ganz einfach: hinsetzen, ruhig atmen und aufmerksam schauen. Auf einen Baum zum Beispiel. Auf die Fliege am Fenster. Oder auf den Grashalm, der vorwitzigerweise zwischen den Pflastersteinen vor der Haustür wächst. Erstaunlich, wie kerzengerade der emporstrebt. Dabei sieht er so zart aus, so hellgrün und fein, ein wenig durchscheinend und irgendwie verletzlich. Wehrlos, ja, genau, er sieht so wehrlos und so verletzlich aus. Aber ist er das? Aus einem winzig kleinen Grassamen ist er erwachsen. Vielleicht hat ihn eine Ameise bis hierher geschleppt, vielleicht hat ein Regenguss ihn in die magere Erdkrume zwischen den Steinen geschwemmt und angefeuchtet liegengelassen. Dort konnte er keimen, hauchdünne erste Wurzeln treiben, erste Nahrung aufnehmen für das erste spärliche Hälmchen, die ersten wärmenden Strahlen des ersten Sonnenlichts umwandeln und Kraft finden für das Ausbilden weiterer Wurzeln und das Emportreiben des grünspitzigen Halms. So winzig, so klein und so angreifbar und doch so stark. Nicht wie die mächtigen Eichen im Wald, deren Wurzeln bis in das Grundwasser reichen. Diese Waldriesen, die selbst starken Stürmen standhalten können, wenn sie gesund sind. Sondern dieser kleine, zarte Grashalm ist so stark wie ein Grashalm nur sein kann und sein soll. Er streckt sich offen der Sonne entgegen, empfängt ihre Kraft, wandelt sie um in Energie für sein Dasein. Er treibt seine Wurzeln weiter, breitet sie aus und verankert sie im Boden, wie es dem Sosein eines Grashalms entspricht. Das ist Stärke, Stärke zum Leben.

Sosein, ein Wort, ein Begriff aus der Philosophie, er klingt schlicht und einfach und beinhaltet doch so viel. Der Begriff ist eine Umschreibung, die in Kürze und Prägnanz verdeutlicht, wie etwas ist. Ein Grashalm ist ein Grashalm. Er ist keine Eiche, keine Rose, keine hochgezüchtete Kartoffelsorte, er ist eben ein Grashalm. Aber eben nicht „nur" ein Grashalm! Aus diesem kleinen, zartgrünen, fast etwas durchscheinendem Hälmchen wird keine Eiche werden. Es ist und bleibt ein Grashalm. Wenn die Wachstumsbedingungen günstig sind, wird er ein paar Samen ausbilden können. Sie werden sich in der Nähe oder etwas weiter entfernt in den oberen Erdschichten einlagern, irgendwann keimen und ebenfalls Grashälmchen werden und Grashälmchen bleiben. Dadurch, dass er so ist wie er ist, ist er richtig, ist er gewollt, hat er sozusagen ein verbrieftes Recht auf diesem Planeten zu sein. Sich Zeit nehmen für einen Grashalm, der zwischen den Pflastersteinen vor dem Haus wächst, kann zu einer Unterrichtsstunde in Lebensfreude werden. Schauen, betrachten, den Blick verweilen lassen auf diesem Hälmchen, es in Ruhe beobachten, auf sich wirken lassen. Wie klein ist er, aber auch wie hartnäckig. Oft als lästiges Unkraut angesehen, scheinen Grashalme doch einfach nicht auszurotten zu sein. Immer wieder kommen sie hoch, selbst nach Überflutung und Feuersbrunst, manchmal dauert es länger, aber dann keimt ein Same, vielleicht der letzte. Der, der überlebt hat. Aber er keimt und man kann ihn eigentlich nur bewundern. Dann stößt der stille Blick, das offen-

herzige Schauen, plötzlich einen Gedanken an, ein Bild entsteht. Grashalme, eine ganze Menge Grashalme, eine Wiese voller Grashalme, ist das nicht ein Bild, ist das nicht wie eine Art Gleichnis für die Menschen? Trotz all der großen und kleinen Katastrophen auf dem Planeten Erde sind sie immer noch da und, das kann man ruhig allgemein schlussfolgern: die Bemühungen um ein gutes, gelingendes Leben für alle in der Menschheitsfamilie haben nie aufgehört. Jetzt zielt der Gedanke auf mich persönlich: Bin ich auch ein solcher Grashalm, der irgendwo eingewachsen ist? Möchte ich so ein Grashalm sein oder lieber eine Eiche, eine Rose? Aber warum nicht ein Grashalm? So fein und zart und doch so überaus hartnäckig, widerständig, ja, fast könnte man sagen mutig zu sein, eben wie jemand, der nicht klein zu kriegen ist.

Frühherbst
Vollherbst
Spätherbst

13.

Eine Fülle, die mit einem großen Versprechen vergeht

Noch einmal gibt es heiße Tage. Mittags flimmert die Luft über dem Holunderstrauch, dessen reife Beeren die Brust der Rotkehlchen dunkellilaschwarz färben. Noch öffnen sich letzte Lavendelblüten als letzter Gruß des Sommers an die letzten Wildbienen. Auf dem Weißen Klee krabbelt langsam und müde eine Ackerhummel. Eine letzte, denn ihr Volk beginnt zusammen mit der alten Königin zu sterben. Nur die Jungkönigin hat sich schon nach einem abschließenden Hochzeitsflug mit Fettreserven und prallvoll gefüllter Honigblase in ihr Überwinterungsversteck zurückgezogen. Genau wie die Jungköniginnen der Wespen- und Hornissenvölker, bei denen ebenfalls nur die Königinnen aus der letzten Brut den Winter überleben werden. In ihren Leibern ruhen reichliche Vorräte an Sperma aus den letzten Paarungen, aus denen hoffentlich im neuen Jahr die neuen Völker entstehen werden. Noch ist alles grün. Noch blüht die letzte Rispe am Sommerflieder und ganz oben, dort, wo sich die zur Sommersonne hin gewachsenen Triebe am Eichenstamm emporrankten, öffnet sich die erste Efeublüte. Eine willkommene späte Stärkung für Schwebfliegen, Bienen und Schmetterlinge. Der flache Boden der Blüte ist frei zugänglich. Kein Problem also für alle Nektarliebhaber, sich noch einmal kräftig zu bedienen.

Im Übergang vom Spätsommer zum Frühherbst zeigt sich die Schöpfung ein wenig wie eine alternde Operndiva.

Noch einmal brilliert sie mit all ihrer Pracht und breitet Fülle und Schönheit aus, beweist mit einer gewissen eleganten Lässigkeit, welch überragende Künstlerin sie ist – aber schon mit den unübersehbaren Anzeichen, dass in all dieser Schönheit der Niedergang, der Abbruch, dass darin ein Ende bereits angedeutet ist. Ein Ende, dass zunächst sehr verborgen, nur sehr leise, wie auf Samtpfoten angeschlichen kommt. Es fällt erst gar nicht auf. Schwebte nicht gerade noch eine Hufeisenazurjungfer am Teichrand und stach ihre Eier in eine der Wasserpflanzen? Oder die Weidenjungfer, bohrte sie nicht eben noch mit ihrem Legestachel die Rinde eines Weidenastes über der Wasseroberfläche an, um auch dort Eier zu platzieren für die nächste Generation dieser zierlichen, kupferfarbenen Libellenart? Patrouillierte ein prächtiges Exemplar der Blaugrünen Mosaikjungfer nicht vor Kurzem noch dort wie ein Hubschrauber auf Kontrollflug am Waldweg entlang, auf der Suche nach einer leckeren Insektenbeute? Aber diese so buntschillernden Shuttleflüge zwischen Teichrand und Waldweg haben jetzt nur noch ein einziges Ziel: Vorsorge zu treffen, dass die Art weiterhin existieren kann. In wenigen Wochen, auf dem Höhepunkt des Herbstes, werden aus den Libelleneiern Larven schlüpfen, sich ins Wasser fallen lassen oder eifrig dorthin kriechen, um auf dem Grund der Teiche und

Tümpel, der Buchten von langsam fließenden Gewässern als Larve zu überwintern. Bis zu zwei Jahre kann dieses Stadium dauern, in denen sich die Larve immer wieder häuten wird, um sich endlich dann im Frühling zum letzten Mal aus dem Endstadium, der Puppe, zu befreien und als junge und frische Libelle durchzustarten. Dann begeistern diese Luftakrobaten wieder jeden aufmerksamen Beobachter und verblüffen mit ihren Flugtricks. Denn da Libellen anders als die meisten anderen Fluginsekten ihre Flügel vollständig unabhängig voneinander bewegen können, wirkt ihr Flugverhalten wirklich wie der eines Hubschraubers. Sie stehen manchmal fast eine halbe Minute lang sirrend in der Luft, ähnlich auch dem Rüttelflug eines Wanderfalken. Sie verändern blitzartig die Flugrichtung und einige schaffen es tatsächlich rückwärts zu fliegen. Wenn so ein Exemplar der Großen Königslibelle, sie kann bis zu 8 Zentimeter lang werden, beim Spaziergang am Teich oder Waldrand auf Augenhöhe vor einem in der Luft steht und den Menschen diese kurze Weile fixiert, kommt man sich doch stark beobachtet vor.

Florfliegen dagegen, diese hauchzarten, grünen Flugkünstlerinnen mit den großen goldenen Augen, deren Larven – als sogenannte Blattlauslöwen – bei allen Gärtnerinnen und Gärtnern überaus beliebt sind, sie suchen sich schon oft gegen Ende August einen geschützten Platz. Auf Dachböden, in vom Wetter abgewandten Gebäudenischen, aber auch in Baumhöhlen und Felsspalten verbergen sie sich, sind wie unsichtbar in ihrer bräunlich-rötlich getönten Winterfarbe und überstehen so die kalte Jahreszeit. Selbst in den Ecken von kühlen Zimmern in Häusern sind sie zu finden. Und man sollte sie dort lassen, falls die Temperatur hier per Heizung nicht hochgedreht werden muss. Denn diese zierlichen Helfer im Garten können mit Beginn des Frühlings zur entscheidenden Unterstützung werden bei den zukünftigen Blattlausplagen.

Zarte Flügel – weite Wege

Aber nicht alle Insekten bleiben den Winter über in Deutschland. Es ist kaum vorstellbar, aber hier heimische Schmetterlinge machen sich – meist im Frühherbst – auf den Weg vom Norden hinunter über das ganze Land in südliche und weniger kalte Gefilde. Während einige Schmetterlingsarten (meist in der zweiten oder dritten Generation) wie der Zimtbär, die Hausmutter oder Rotes und Blaues Ordensband hier als Ei, als Puppe, Raupe oder als ausgewachsener Falter an gut geschützten Stellen ähnlich wie die Florfliegen Frost und Schnee zu überstehen suchen, fliegen andere einfach nach Frankreich oder sogar bis Norditalien. Über die Alpen! Und legen dabei eine Strecke von bis zu 2000 Kilometer zurück. Das Taubenschwänzchen schafft sogar bis zu 3000 Kilometer Wegstrecke. Diese zarten Tierchen mit Flügeln wie bunt bepuderte Seide, deren taumelnder Tanz im Sommersonnenlicht so anmutig, so grazil erscheint und den Menschen aufmunternd berührt, sie überwinden eine unglaubliche Distanz. Es sind Tiere, die normalerweise durchschnittlich nicht mehr als 250 Milligramm wiegen – und die fliegen über Alpenpässe! Von Zeit zu Zeit berichten Presse und Radio über diese erstaunlichen Wanderbewegungen von Schmetterlingen. Was für ein Anblick muss das sein, wenn Tausende von Distelfaltern oder Admirälen im Pulk über alpine Bergpässe ziehen?[15] Bunt, schillernd und mit zielstrebiger Beständigkeit flattern sie zu den Ländern des Südens, in denen ihnen die Überwinterung gelingen kann und in denen sie sich auch in dieser Jahreszeit fortpflanzen können. Denn die Lebenserwartung der Falter beträgt nur wenige Monate und sie müssen permanent für Nachwuchs sorgen. In Deutschland entwickeln sich die Sommermonate über meist zwei Generationen, von denen in der Regel eine die große Herbstwanderung antritt. Im warmen Süden dann wächst eine weitere Population heran, die im folgenden Frühjahr den Weg zurück über die Alpen nimmt, um hier in den Frühjahrs- und Sommermonaten zu leben.

Schmetterlinge begeistern viele Menschen. Sie sind schön, machen keinen Dreck und meistens fressen ihre Raupen all das, was der Mensch sowieso nicht mag. Die Raupen von Admiral, Tagpfauenauge und Landkärtchen begeistern sich zum Beispiel für Brennnesseln. Die Raupen des Kleinen Feuerfalters genießen Sauerampferblätter, wohingegen die des Taubenschwänzchens auf Labkraut stehen. Gräser sind bei vielen Schmetterlings- und Nachtfalterraupen sehr beliebt, wie zum Beispiel bei denen des Rostroten Dickkopffalters. Das Jakobs-Greiskraut, diese von Landwirten und Weidebesitzern heftig bekämpfte, giftige Pflanze mit dem starken Verbreitungsdrang wird sehr geschätzt von den Raupen des Blutbärs. Nach dem Anlegen von Fettreserven im Hinterleib beginnen diese Edelsteine der Luft dann die Herbstvorbereitung. Entweder Flug in den Süden oder frostfreies Versteck.

Schmetterlinge sind klein, zierlich, zart, und es ist nur schwer zu begreifen, was sie mit diesen Flügen über Länder und Alpen leisten. Aber sie sind nicht die einzigen Tiere, die jedes Jahr über unseren Köpfen gen Süden ziehen. Schwebfliegen machen sich auch auf den Weg, und sie sind um einiges kleiner und leichter. Etwa zehn Millimeter Länge weist ihr Körper auf und ihre Larven sind ähnlich wie die der Florfliegen hervorragende Blattlausvertilger. Auch sie fliegen – zumeist nur die Männchen – in großen Schwärmen aus Milliarden Tieren ab September/Oktober über Europa in wärmere Gebiete. Faszinierend, staunenswert und zugleich verblüffend! Wie schaffen die das? Wie halten diese kleinen Tierchen die Richtung? Forscherinnen und Forscher in vielen Ländern gehen seit Jahrzehnten dieser Frage nach, aber vieles ist noch ungeklärt. Markante Landschaftsbilder, Küstenlinien, Sonnenstand und Sonnenbewegungen sowie das Magnetfeld der Erde sind bis jetzt Erklärungen, die nachgewiesen werden konnten. Zudem können Schmetterlingsschwärme und riesige Pulks von Schwebfliegen mit Kameras und Fotoapparaten aufgezeichnet und so Wanderbewegungen gut beobachtet und vermessen werden. Aber was ist, wenn wanderlustige Tiere nachts unterwegs sind? Wie können diese ihren Weg finden, wenn das Sonnenlicht verschwunden ist? Einige Fledermausarten ziehen ebenfalls in den Herbstmonaten Richtung Süden. Vom Großen Abendsegler und von der Rauhautfledermaus ist es bekannt und diese Flatterflieger sind enorm schnell! Sie schaffen es in einer Nacht vom Norden Deutschlands bis an die Bergstraße in Südhessen.[16]

Die Herbstwanderzüge sind eine erstaunliche Leistung von kleinen und kleinsten Tieren, die der überwiegende Teil der darunter lebenden Menschen nicht erfährt und sich vielleicht auch nicht vorstellen kann. Denn wer ahnt schon, was in diesen Wochen über seinem Kopf an spannenden und unglaublichen Wanderbewegungen abläuft. Den Schwalben und Mauerseglern, diesen virtuosen Luftakrobaten, schauen die meisten Menschen dann auch wehmütig nach. Auch

diese Vögel machen sich auf in warme Länder. Die Rauch- und Mehlschwalben ebenso wie die Uferschwalbe von der Ostseeküste reisen als Langstreckenzieher bis nach Südspanien und Afrika. Mauersegler sind dabei über alle Maßen ausdauernd. Da sie während eines Gleitfluges in der Luft schlafen können, brauchen sie keine Pausen an Land und kommen mit hohem Tempo sehr schnell in ihren Überwinterungsregionen an. Wer sich bewusst macht, welche Vielzahl an Arten mit der großen Anzahl ihrer Individuen im Herbst verschwindet, unsichtbar wird, stirbt oder wegzieht, begreift, in welcher Fülle die Tierwelt, die Fauna in unseren Ländern lebt. Jeden Herbst ist es fast wie ein Gefühl des Verlassenwerdens, ein wenig so, als sterbe die Natur. Eine große Fülle vergeht, schwindet. Aber sie vergeht mit einem großen Versprechen. Was sich auf der Nordhalbkugel dieses Planeten als Herbst, als eine Art des Sterbens anfühlt, ist auf der Südhalbkugel der Beginn eines neuen Frühjahrs. Der Nordherbst ist zugleich Südfrühling. Beides ist untrennbar miteinander verbunden. Und: es ist eine Verbundenheit, in der die eine Hälfte der anderen jeweils das unbedingte Versprechen auf einen Neuanfang gibt. Jeden Herbst, jeden Frühling. Immer.

14.

Dieses berauschende Farbenspiel und seine Vielfalt an leuchtenden Nuancen

Langsam schwebt es herunter. Es dreht sich, kreiselt ein wenig behäbig um sich selbst, fast möchte man sagen: bedächtig, so, als würde es im Fallen Ausschau halten nach dem besten Landeplatz. Dann liegt das Salweidenblatt am Boden. Am Stielende noch grün, ist es nun ohne Saft, trocken und leicht verknittert, die Spitze schon in hellem Braun gefleckt. Im Inneren, nahe der Blattader, kreisförmige Fraßspuren. Als hätte eine Raupe – vielleicht die des Ringelspinners, dieses braun befellten Schmetterlings, der seine Eier ringförmig um Weidenäste klebt –, als hätte die Raupe noch schnell vor der Verpuppung eine leichte Mahlzeit eingenommen. Ein paar Schritte weiter zum Waldrand hin leuchten die Doldenrispen der Eberesche in hellem Rot. Sie leuchten aus einem Blätterdickicht, in dem sich das kräftige Grün mit den ersten gelben und bräunlichen Tönen mischt und das helle Rot der Früchte auf diesem Präsentationshintergrund noch stärker strahlen lässt. Zu Beginn der ersten Wochen im Herbst fallen sie allmählich und es werden täglich mehr: Wildkirschenblätter, oft noch mit einem Fruchtstiel und abgefressenen Kirschkernen daran; hellgelbe, zarte Birkenblätter, manche mit schwärzlichen Verfärbungen entlang der Blattachsen; auch die gezähnten Blätter einer der vielen Arten des Weißdorns, bei denen immer wieder einzelne Exemplare mit einem matten Violett punkten, ein aparter Kontrast zu den kräftig roten Früchten mit dem dunklen Käppi, dem krausen Rest der duftenden

Blüten des Frühlings. Und dann die Eichen. Zuerst segeln einzelne kleine Ästchen herab mit Blättern in verschiedenen Farbabstufungen, vom kernigen, dunklen Eichengrün bis zu einer hellbraunen Tönung, die an Zimt erinnert. Wobei bei manchen die Blattadern mit hellem Grün ihren jetzt noch für kurze Zeit sichtbaren Verlauf anzeigen. Je weiter der Herbst fortschreitet, umso grandioser färben sich diese Baumriesen. Zusammen mit dem Kupfer der Felsenbirnen und dem matten Rot der Blütenkerzen, die jetzt die Essigbäume zieren, flammen diese Titanen des Waldes in einer Farbenpracht auf, die alle nur denkbaren Schattierungen aufweist: Vom dunklen Eidottergelb über ein gedämpftes Goldgelb bis zu den leuchtenden Nuancen aller Farbtöne des Orange. Bescheint dann eine freundliche Herbstsonne Wald und Waldränder, bietet sich den Augen ein Panorama dar, das der Schönheit eines blütenreichen Frühlingstages durchaus gleichwertig ist. Die Farbenpracht überrascht in ihrer Intensität in manchen Jahren außerordentlich. Aber wo bleibt das Grün? Verschwindet es einfach in ein dunkles Nichts? Und wie entstehen diese gelb-orange-roten Farbtöne? Wo kommen sie denn plötzlich her?

Die Schöpfung verschwendet nicht

Im Grunde genommen ist es ein recht schlichter Vorgang. Zu Beginn der Vegetationsperiode mit dem ersten Frühlingshauch bauten die Pflanzen das grüne Chlorophyll aus den gespeicherten Vorräten auf, initiiert vom Sonnenlicht. Die wichtigste Aufgabe dieser Chlorophyllmoleküle war die Aufnahme, Umwandlung und Weiterleitung dieser empfangenen Lichtenergie im Prozess der Photosynthese. Andere Farbstoffe bauten sich ebenfalls auf, nur überdeckte sie das Chlorophyll während der intensiven Zeit von Wachstum, Blüte und Frucht. Mit der Abnahme der Tageslichtmenge fahren all diese Prozesse zurück. Nun beginnt der Abbau, das Chlorophyll wird in Stoffe, meist in Proteine, umgewandelt, die in Stamm und Wurzel, in Knollen und anderen pflanzlichen Speichermedien eingelagert werden können. Denn die Schöpfung verschwendet nicht. Diese Prozesse sind darum auch kein wirkliches Sterben. Es ist ein Rückbau, ein spannender Recyclingprozess, eine Sicherung von Rohstoffen, eine Art Remobilisierung von Ressourcen. Selbst jene Pflanzen, die nur eine Lebensdauer von ein paar Monaten bis zu einem Jahr haben, vergehen zwar, ihre Biomasse aber bereichert den Boden mit ihren verbliebenen Nährstoffen an ihrem jeweiligen Standort. Der Humus, die oberste Schicht des Bodens, welche lebt, Stoffe umbaut und zur Verfügung stellt und so die Pflanzen mit Nahrung versorgt, sie wächst erneut um einige weitere wertvolle Zentimeter. Das ist der Moment, wo die den ganzen Frühling und Sommer über verdeckt gebliebenen anderen Farbstoffe, Carotinoide genannt, sichtbar werden. Sie strahlen in gelb-orange und sind nicht nur in den Blättern von Sträuchern und Bäumen vorhanden, sondern auch in verschiedenen Gemüsesorten, in manchem Vogelgefieder und in Insekten wie dem Marienkäfer. Kräftiges Rot und das eher seltene Violett, wie zum Beispiel in Weintrauben, diese Farben entstehen meist durch Schutzstoffe, die Anthocyane. Sie werden in der Regel nur für kurze Zeit gebildet und haben unter anderem eine wichtige Schutzfunktion für pflanzliche Bestandteile vor der im Herbst manchmal noch starken Sonneneinstrahlung.

Was in diesen Wochen und Monaten in vielfältiger Form abläuft, hat seit Jahrhunderten Menschen neugierig gemacht. Viele Künstlerinnen und Künstler haben sich in Literatur und Malerei von dieser Jahreszeit besonders inspirieren lassen; haben die Farbenpracht, die Stimmungen und Eindrücke aufgenommen und verarbeitet. Herbstgedichte zum Beispiel von Theodor Fontane, Hermann Hesse, Rilke und Goethe wie auch von Hilde Domin oder Luise Büchner, die diese Wochen charakterisierte mit „Der Herbst, ein Dieb und eine Fee“, lassen diese Zeit im Herzen wach werden. Nachdrücklich eingefangen haben den manchmal dunklen Zauber des Herbstes auch Malerinnen wie Paula Modersohn-Becker oder Maler wie ihr Mann Otto Modersohn, ebenso wie van Gogh, Monet, Gustav Klimt, Egon Schiele oder Arcimboldo. Künstlerinnen und Künstler aller Epochen und Stilrichtungen haben ein Gespür, einen ausgeprägten Sensus für den Wandel in der Zeit, für Abläufe und Prozesse und die Auswirkungen von inneren und äußeren Faktoren darauf. Sie übermitteln immer wieder mit ihren Werken auch: Leben hat eine Zeitstruktur. Und damit ebenfalls auch die Schöpfung.

Der Wechsel von Tag und Nacht, die Mondphasen, Gezeiten und die Umgebungstemperatur, sie beeinflussen, sie sind eine Art Zeitgeber. Nicht nur für Flora und Fauna, auch für den Menschen. Die Chronobiologie, ein Wissenschaftszweig der Biologie, nennt es die innere Uhr. Sie ist der Stundenregulierer für die ganze Schöpfung unabhängig davon, was oder wer wo und wie lebt. Diese innere Uhr sei eingestellt auf einen 24-Stunden-Rhythmus, und sie bestimme ebenfalls die Rückbauprozesse im Herbst – so dachten es jedenfalls die Menschen, auch die in Forschung und Wissenschaft, bisher: Sinkende Temperaturen und schwindende Tageslichtmenge geben den Startschuss für die Blattfärbung und den anschließenden Blattfall. Neuesten Forschungen der Eidgenössischen Technischen Hochschule in Zürich (ETH) zufolge aber haben das Verhalten der Menschen im Zeitalter der Industrialisierung und die damit verbundenen steigenden Treibhausgasemissionen daran grundlegend etwas verändert. Grundlegend!

Seit Beginn der Industrialisierung erfolgte durch die rasante Zunahme der Emissionen auch ein massiver Eingriff in den Stoffwechsel von Pflanzen, der weitreichende Folgen auch für den Wald im Herbst hatte und hat. Durch die Klimaerwärmung verfrüht sich die Wachstumsphase der Pflanzen, also auch der Bäume; der Motor der Photosynthese und damit auch der CO_2-Austausch werden durch höhere Temperaturen und eine größere Tageslichtmenge früher und vermehrt angetrieben. Jede Pflanze kann allerdings nur in begrenztem Maß Kohlendioxyd speichern und ebenso in Folge den lebenswichtigen Sauerstoff ausströmen lassen. Sind die Speicher einer Pflanze, eines Baumes zu einem früheren Zeitpunkt voll, tritt ein selbstregulierender Mechanismus in Kraft, der die Blattalterung ebenfalls früher beginnen lässt. Das scheint nicht wesentlich zu sein für diese Vorgänge in der Schöpfung. Aber ein Blattfall zu einem früheren Termin führt zu einer verminderten CO_2-Jahresaufnahme und damit auch zu verringerter Sauerstoffproduktion.[17] Ein Teufelskreis setzt sich in Bewegung, der alles und jedes in diesem Wunderwerk der Schöpfung beeinträchtigt. Nicht nur das Wachsen und Gedeihen des Waldbestands. Nicht nur das Leben der Tierwelt. Auch den Lebensraum für den Menschen. Den Lebensraum für jeden Menschen, egal, wo er lebt, egal, wie er lebt.

15.

Von Herzwurzeln, Baumhäuten und unterirdischen Handelsnetzen

Sie wirkt ein wenig wie ein langes, fließendes Abendkleid aus grauer Rohseide, das sich an einen schlanken Körper schmiegt. Glatt fallend, exakt auf Maß geschneidert, ohne Falten, erlesen kostbar und ausgesucht elegant: die Buchenrinde. Die Borke dieses großen Baumes, sie wirkt fast weich; sie ist dünn und an manchen Stellen wie überhaucht mit einem schwachen, matten Schimmer und trotzdem umschließt sie den Stamm des Baumes fest und stark. Was für ein krasser Gegensatz zu der Gruppe der großen Eichen ein paar Meter weiter. Hier zeigt sie sich tief zerfurcht, dick und rau, die Borke, welche sich um die mächtigen Stämme aufgebaut hat. Wie geschwollene Adern winden sich an ihnen schrundige Efeuranken empor, auf ihrer Oberfläche die Reste alter Haftwurzeln, die an unrasierte, stoppelige Männergesichter erinnern. Manchmal aber sind die jüngeren Stämme von Quercus robur, der Stieleiche auch mit zierlichen hellen Schüsselflechten bewachsen, die an die Spitze von Brautkleidern erinnern: Wie fein geklöppelt aus dünnem Baumwollgarn in Eierschalenfarbe. Am Waldrand dann die Gruppe der Ebereschen. Sie haben ebenfalls eine glatte Rinde, die aber überall wie geschmückt ist mit rundlichen, grün-grauen Flecken und kleinen Pusteln, welche sanft durch ein etwas helleres Grün hervorgehoben werden. Mitten zwischen Eichen und Ebereschen eine Wildkirsche. Auch sie hat eine relativ glatte Rinde. In dem dunklen Braun-Grau sind Querstreifen eingebettet, die immer stärker hervortreten, je älter der Baum wird. Unregelmäßig in ihrer Form und deutlich abgesetzt von der Farbe der Rinde muten sie an, als wäre die Umhüllung für den Stamm zu knapp bemessen gewesen. Besonders fällt das auf, wenn eine alte Wildkirsche am unteren Stamm auch noch hellere Längsrisse bekommt. Wie braune Leggings, die mindestens drei Nummern zu klein gekauft wurden. Ganz anders dagegen der Stamm des Holunders. Seine Rinde hat ein mattes Beige-gelb und die rissigen Einkerbungen wirken, als hätten Kinder mit allen Fingern zugleich Furchen in nassen Sand gezogen.

Bäume lösen bei aufmerksamer Betrachtung schnell Erstaunen aus. Dieser kräftige Stamm, diese Fülle an Blättern, Blüten und Früchten kann alle begeistern, die sich wenigstens ab und zu eine Viertelstunde Zeit gönnen, um einen Baum einmal in Ruhe anzuschauen. Dabei wirken Bäume zunächst eigentlich sehr statisch, scheinen so wenig beweglich zu sein. Eigentlich kommen sie einem nicht besonders lebendig vor, wenn man sie zum Beispiel mit dem Wachsen und Blühen der Blumenwiese daneben vergleicht. Aber in diesen Waldriesen sind hochspezialisierte Leitungsorgane zusammen mit Kommunikationssystemen vorhanden, die der Leistung eines kleinen Computers nicht nachstehen. Beim Betrachten eines Baumes kommen bald Fragen auf: Woher und vor allem wie bezieht ein Baum das Wasser und die Nährstoffe und wie kommen die nach oben, dorthin, wo er all das für Blätter, Blüten, Früchte und neue Äste braucht? Bei den winzigen Sämlingen von Eiche und Eberesche in der Humusschicht des Waldbodens schaut das jedenfalls nach wesentlich größerer Dynamik aus. Aber das täuscht! Auch der Stamm einer alten, mächtigen, dickborkigen Eiche ist erfüllt von pulsierendem Leben. Der Wald, die Bäume, sie sind Meister des Handelns im Verborgenen.

In jedem Baum wandern Ströme von Wasser und Nährstoffen von unten nach oben. Sie fließen in Leitbahnen, die sich in der Wachstumsschicht bilden, dem sogenannten Kambium. Nach innen baut dieses Kambium das feste Gewebe auf, Stammholz ganz innen, Splintholz direkt nach außen wachsend angrenzend. Zur Außenseite hin bildet das Kambium zunächst den Bast, der an das Splintholz anschließt. Noch weiter nach außen lagern sich abgestorbene Bastzellen nach und nach an, welche als Borke den Baum nach außen abschließen. Durch den ganzen Baumstamm ziehen sich Leitungsbahnen, Poren, in denen das Wasser nach oben transportiert wird. Bis heute konnte die Wissenschaft nicht abschließend und bis ins Letzte klären, wie diese Vorgänge genau ablaufen. Mehrere hundert Liter Wasser können in einer großen Buche im Sommer durch den Stamm rauschen – pro Tag! Wie kann das gehen? Eine alte Eiche oder Buche kann bis zu 50 Meter in die Höhe ragen. Wie kommt das Wasser gegen die Schwerkraft nach oben? Verschiedene Kräfte werden zurzeit angenommen, wie zum

Beispiel die Kapillarkraft, die in engen Röhren das Aufsteigen von Flüssigkeiten bewirkt. Ebenso der Transpirationssog, der vom Verdunsten des Wassers an der Blattoberfläche durch die mikroskopisch kleinen Spaltöffnungen, den Stomata, ausgeht. Auch osmotische Kräfte werden vermutet, die dann entstehen, wenn in aneinander gereihten Zellen ein unterschiedlicher Salz- oder Zuckergehalt herrscht. Das provoziert beständig einen Austausch und es entsteht der Transport von Zelle zu Zelle. Klarheit über die genauen Kräfte und Abläufe dieses phänomenalen Wasserhaushaltes der Bäume besteht erstaunlicherweise weltweit unter den Wissenschaftlern immer noch nicht. Aber die Begeisterung und Faszination über die vielfältigen und hochspezialisierten Fähigkeiten dieser riesigen Pflanzen sind in den letzten Jahren enorm gewachsen. Der italienische Pflanzenneurologe Stefano Mancuso von der Universität Florenz spricht sogar von einer Intelligenz der Pflanzen.[18]

Weitreichender Güteraustausch

Überaus verblüffend ist die Verbindung der Bäume mit den Pilzen im Boden. Unsichtbar breitet es sich aus, das feine Geflecht, dieser dichte Teppich aus Pilzfäden, der sich im Waldboden und in anderen feuchten und nährstoffreichen oberen Bodenschichten breit machen kann. Pilze haben keine Blätter und bilden kein Chlorophyll. Sie können also keine Photosynthese starten. Sie brauchen eine Art pflanzlichen Handelspartner, mit dem sie Tauschgeschäfte machen können. Ihr Part ist also, schwer aufzuschließende Nährstoffe aufzuspalten, sie zu den feinen Baumwurzeln hin zu leiten und im Gegenzug dafür Zuckerstoffe zu erhalten. Aber wie bei guten Handelspartnern üblich, kommen zum Güteraustausch noch Serviceleistungen und die Weitergabe von Informationen hinzu. Es ist ein höchst gewinnbringendes Geschäft für beide Partner: Durch die symbiotische Verbindung der Pilzfäden mit den Feinwurzeln der Bäume geschieht ein intensiver und in seiner Komplexität überraschender Austausch. Vor allem die Spitze der Baumwurzeln ist wie eine Kommandozentrale, die mit gezielter Bewegung und verblüffend hochsensibel agiert. „Die Wurzelspitze nimmt Wasser oder Giftstoffe wahr, sendet die Botschaften über Zellen in die Wurzel, die daraufhin ihre Richtung im Wachsen entsprechend anpasst. Die Wurzeln schicken Botschaften aus der Erde an die Blätter in der Höhe. Und die Blätter senden aus der Baumkrone Informationen an die Wurzeln und an andere Blätter. Wenn zum Beispiel die Wurzeln zu wenig Wasser finden, übermitteln sie den Blättern, dass sie ihre Öffnungen, die Stomata, schließen. Aus den geöffneten Stomata würde sonst zu viel Wasser verdunsten."[19]

Bäume kommunizieren! Was für eine überraschende Erkenntnis. Und sie kommunizieren nicht nur für ihre eigenen Bedürfnisse. Das Geflecht der Pilzfäden, das Mycel, wächst nicht nur im unmittelbaren Umfeld eines Baumes, sondern breitet sich manchmal über Quadratkilometer und noch mehr Qudratkilometer aus und trifft dabei auf die Vegetationsorgane (Mycelen) anderer Pilze, mit denen dann ebenso Informationen ausgetauscht und weitergegeben werden. So entsteht ein hoch funktionales Handelsnetz, das im besten Fall den ganzen Wald durchzieht, vielleicht sogar kleinere Wiesenstücke überwindet und in angrenzenden Waldgebieten ebenfalls Kontakte knüpft. Suzanne Simard, eine Forstwissenschaftlerin von der kanadischen Universität British Columbia, bezeichnet dieses Handelsnetz in Analogie zum Internet als

„Wood Wide Web". „Mit radioaktivem Kohlenstoff wies Simard nach, dass Bäume durch die Wurzeln und die Fäden der Mykorrhiza-Pilze Nährstoffe und Informationen quer durch den Wald austauschen. Fehlen einem Baum Nährstoffe, versorgen ihn die anderen Bäume."[20]

Tief reichen alle Baumwurzeln in den Waldboden, doch sie erreichen dabei je nach Baumart auch alle anderen und alle sehr unterschiedlichen Schichten. Flachwurzler wie Esche, Birke oder Weiden versorgen sich sozusagen aus den oberen Etagen, Tiefwurzler und Pfahlwurzler – Eiche und Linde zum Beispiel – ziehen aus den tiefsten Schichten ihre lebensnotwendigen Stoffe. Ein besonderes Wurzelwerk bilden die Buchen aus, man könnte es eine pfiffige Doppelstrategie nennen. Die Bäume verankern nicht nur mehrere Hauptwurzeln in großen Tiefen, sondern breiten ebenfalls in den verschiedenen oberen Schichten nach allen Seiten ein ausgeprägtes Wurzelgeflecht aus. Dieses Wurzelsystem wird Herzwurzel genannt. Es macht den Baum sehr widerstandsfähig, hilft ihm bei starken Windböen standzuhalten und ist eine kleine Garantie auch in trockenen Sommern noch ausreichend Wasser aus dem Boden zu bekommen. Herz ist also Trumpf, könnte man mit dem Refrain eines alten Songs aus den 80ern sagen.

Einen großen Baum in Ruhe eine Weile anzuschauen, ihn auf sich wirken zu lassen, fährt den Menschen runter, bringt ihn nach und nach in eine Stimmung, die anderes als sonst zulassen kann. Gerade die mächtigen Buchen und Eichen strahlen besonders im Herbst eine gewisse Würde aus, fast eine Gelassenheit. Es ist in diesen Wochen eine andere Situation als die im Hochsommer, wenn jedes Blatt, jeder Ast vor Leben zu pulsieren scheint. Nun steht er da im weichen Herbstlicht, dieser Baum, der möglicherweise vier Mal so alt ist wie der Mensch, der ihn betrachtet. Er steht vielleicht allein auf einer Wiese, vielleicht im Verbund mit anderen alten Bäumen. Der Stamm mit einem Umfang, den zu messen zwei Arme nicht ausreichen würden. Fest verankert im Boden mit Wurzeln, die so tief in die Erde reichen wie der ausladende Baldachin der Krone in die Höhe strebt. Leise geht ein schwacher Windstoß hindurch, zwei, drei Blätter rieseln herab, kreiseln ein wenig und landen dann auf denen, die sich schon vor Tagen aus der Höhe haben fallen lassen. Es ist still, sehr still, nichts kann jetzt ablenken, nichts kann jetzt stören und das Herz darf sich öffnen. Öffnen in einer großen, stillen, gelassenen Ruhe.

16.
Eine Stille ohne Erwartung?

So feine, so hauchfeine Fäden sind es, gesponnen wie ein Zelt, wie ein kostbares Gewebe, ausgebreitet zwischen den abgestorbenen Stängeln des Fingerhutes. Wie bestickt mit glitzernden Perlen schwingt dieses zarte Gespinst der Baldachinspinne ganz sacht im leichten Morgenwind, bebt, zittert, vibriert und jede Tauperle fängt dieses unglaublich weiche Licht ein, sammelt winzige Lichtfunken aus den milden Strahlen der Herbstsonne, als wollte es einen tröstlichen Vorrat anlegen für kommende dunkle Tage. Es ist ein anlockendes Bild und ein letzter Versuch des winzigen Achtbeiners, vor dem Winter noch einen Bissen Fliegenschnitzel zu erbeuten. Erwärmt sich die Luft im Laufe des Tages über dem Netz, sieht man die Spinne fliegen. Am zügig produzierten Flugfaden schwebt sie per Luftschiff in große Höhen, manchmal bis zu hundert Kilometer weit über Land. Die Luft, erfüllt mit diesen feinen Gespinstfäden, ließ die Menschen im späten Mittelalter diese Erscheinungen „Liebfrauengarn“ oder „Marienhaar“ nennen, was auch in Verbindung stehen könnte mit der Bezeichnung „Altweibersommer“ für diese sonnigen Phasen im Herbst.

Doch jetzt ist die Luft kalt, der Atem schon mit weißen Wölkchen sichtbar und Spuren von erstem Raureif finden sich an Zaunpfählen und an der Rinde freistehender Bäume. Alles ist so klar an solchen Tagen, klar und deutlich konturiert. Die Bäume, die Wiesen, das Dach des Hauses. So klar wie etwa die Dinge zu sehen sind, wenn Föhnwetterlagen eine Sicht bis in große Ferne erlauben. Es ist als gäbe es keine hindernden Schwebstoffe mehr in der Luft, keinen Staub, keine Wolken, nichts, was eine ungetrübte Sicht beeinträchtigen würde. Es ist ein Morgen, dessen Klarheit an einen ersten, wundervoll strahlenden Frühlingstag erinnert. Und doch ist die Stimmung in der Schöpfung jetzt eine andere. Sie ist sehr still, trotz allem irgendwie gedämpft, so ruhig. Es scheint eine Stille ohne Erwartung zu sein. An einem der nächsten Morgen wird das besonders deutlich auf eine ganz andere Weise. Plötzlich hat sich alles über Nacht völlig verändert. Eine dichte, weiße, feuchte Wand scheint ums Haus gewachsen zu sein. Eine Wattewand, eine Schallschutzmauer, die alle Geräusche abpuffert, die alles schluckt, keinen Laut mehr hören lässt. Der dichte Nebel hüllt alles und jedes ein, legt nasse Nebelfeuchte an jedes Ding, an Haus, Tier, Baum und er ist so dicht, dass das Atemholen fast wie trinken ist. Im Herbst schaltet die Schöpfung allmählich runter, das Tempo reduziert sich. Die letzten Blätter segeln zu Boden, alle Pflanzen ziehen die Reste der Nährstoffe hinein in Wurzel, Knolle und Rhizom.

Auch die Tierwelt verändert sich spürbar. Die temperamentvollen Fuchswelpen, die im späten Frühjahr noch hinter Mama Fuchs herwuselten, sich ständig kabbelnd und kneifend, um dann im noch unbe-

holfenen Welpentrab hastig wieder aufzuschließen, sie sind groß geworden, schon fast erwachsen und gehen auf eigenen Mäusefang. Auch die Rehkitze, gerade noch tief versteckt im hohen Gras, sie haben das Kitzfell verloren und grasen Seite an Seite mit den Alttieren in der frühen Abenddämmerung. Lustiges, lautes und melodisches Vogelgezwitscher ist verstummt. Die Sommersänger haben sich wie einige Schmetterlingsarten auch auf die Reise in den Süden gemacht. Dort überwintern Rotschwänzchen, Grasmücken, Schwarz- und Braunkehlchen ebenso wie das seltene Blaukehlchen in wärmeren und vor allem insektenreichen Gefilden. Auch die Nachtigall, sowie Fitis, Zilpzalp und die wibbeligen Bachstelzen sind inzwischen ebenfalls vor der zu erwartenden Kälte geflohen. Mauersegler und Schwalben waren schon früh die ersten Langstreckenzieher des Jahres, die bis in afrikanische Länder übersiedelten – das ist immerhin eine Reise von mehr als 3000 Kilometern, die diese kleinen Vögel in den letzten Spätsommerwochen zu bewältigen hatten. Aber nicht alle verlassen in den Herbstmonaten das Land, um in die Länder ohne kalten Winter zu fliegen. Es sind die sogenannten Standvögel, die bleiben und sich jetzt allmählich zu größeren Gruppen zusammenschließen. Meisen bilden regelrechte Schwärme, die manchmal fast die Größe von kleineren Ansammlungen der Stare erreichen können. Und wenn Kohlmeisen, Blaumeisen, Schwanz-, Tannen- und Haubenmeisen sonst eher lieber unter ihresgleichen bleiben – in der beginnenden kalten Zeit finden sich alle Unterarten zusammen. Der Futterwettbewerb ist vorläufig ausgesetzt, denn es geht um das Überleben aller. So mischen sich manchmal auch Rotkehlchen, Zaunkönig und Kleiber unter die Meisenschwärme, selbst die farbige Spechtfamilie mit Schwarzspecht, Buntspecht und Grünspecht gesellt sich vor allem an Vogelfutterstellen dazu. Schließlich ist ein Meisenknödel zumindest jetzt ein halbwegs guter Ersatz für Käferlarven und passt auch prima zu Nüssen und Bucheckern. An Teichen und Flüssen sind zu dieser Zeit weiterhin Wasseramsel und Eisvogel zu beobachten. Für beide werden es besonders harte Zeiten, wenn Tiefsttemperaturen alle Wasserflächen dick und fest einfrieren. Gut, wenn fürsorgliche Menschen für beide wenigstens einen artgerechten Nistkasten positionieren, der auch für ein geschütztes Winterquartier tauglich ist. Leise aber sind sie auch im Herbst nicht, die gefiederten Freunde. Große Gruppen animieren anscheinend auch bei den Vögeln zu vermehrter Diskussion und Auseinandersetzung. Und wenn eine krakeelende Spatzenbande in entlaubte Bäume und Sträucher einfällt, klingt das ein wenig wie eine Schulklasse, die am letzten Schultag in die ersehnten Herbstferien stürmt. Doch plötzlich wird das Tschilpen und Piepen leise, dann verstummt es ganz. Eine dichte Wolkendecke zieht heran, deren tiefhängende, schwarze Basis ausgiebige Regenmengen ankündigt. Der Wind hat kräftig aufgefrischt, er wird stärker, ein Sturm baut sich auf.

Erschöpfte Stille kann der Beginn einer Heilung sein

Waghalsig jagt ein Pulk Dohlen mit dem aufkommenden Sturmwind um die Wette, während sich ein Bussardpärchen samt Nachwuchs nach Süden absetzt. Dohlentrupps im Sturm muten an wie Kampfgeschwader; sie schießen rasant und vor allem gleichzeitig herauf und herunter über die abgeernteten Felder und lassen sich auch nicht von den beginnenden Regenschauern abhalten. Wer sie beobachtet, kann nicht anders als annehmen, dass ihnen diese Achterbahnfliegerei so richtig Spaß macht. Während die Dohlen einen Wettflug mit dem immer stärker werdenden Sturm riskieren, biegen sich Bäume und Sträucher allmählich bis zur Belastungsgrenze. Auch das allerletzte Blatt wird jetzt losgerissen. Wild flattert es für kurze Zeit in der Luft, um endlich an einigen verdorrten Kratzdistelstängeln hängen zu bleiben. Der Sturm nimmt weiter zu, tote Äste brechen von den Bäumen und werden zu Boden geschleudert. Zugleich prasselt ein Wolkenbruch auf

Wald, Wiesen und Erdflächen. Wolkenbruch, ein passender Begriff, denn es fühlt sich an, als hätte eine Riesenkraft die Basis der Wolken aufgebrochen, aufgerissen, um den Wassermassen den Weg frei zu geben. Überall peitscht das herabstürzende Nass Minifontänen von der Erde hoch, zusammen mit Sandkörnern, Schlamm und kleinen Steinchen. Schnell bilden sich kleine Rinnsale, die beständig größer werden, an Volumen zunehmen und Furchen spülen. Furchen, in denen die Geschwindigkeit des entfesselten Elements zunimmt, mehr Erdreich mit sich reißt und nichts stehen lässt, was ihm den Weg versperrt. Wasser hat eine große Macht, jeder Starkregen führt diese Binsenweisheit deutlich vor Augen und beweist auch die Wahrheit eines alten Spruches: Vor Feuer kannst du noch weglaufen, vor der geballten Kraft des Wassers nicht.

Dann ebbt der Sturm ab, die Wolken scheinen sich leer geregnet zu haben, alles beruhigt sich. Es wird still. Ein Rest Wasser versickert und die Pflanzen, die zu Boden gepresst worden waren, versuchen sich langsam wieder aufzurichten. Es ist noch trüb, der Himmel verhangen. Die Stille ist wie eine erschöpfte Stille, als atme alles nach großem Druck zaghaft und erleichtert auf. Scheu piepst der erste Spatz, schüttelt sein Gefieder und ordnet mit dem Schnabel einige zerzauste Federn. Auch die Schöpfung kennt den Zustand, wenn nach Katastrophen, nach Chaos, Vernichtung und Zerstörung sich alles beruhigt hat und neu zu ordnen versucht. Eine solche Stille scheint zunächst nur müde und erschöpft zu sein, so wie Menschen, die nach einem verheerenden Einbruch in ihre vorher so heile Welt versuchen, wieder Fuß zu fassen, klar zu kommen, alles zu verkraften und zu verarbeiten. Und eine solche Stille ist gut, sie ist wichtig. Erst einmal Luft holen, sich sortieren und alles in Augenschein nehmen und überprüfen. Diese Stille ist vielleicht ohne Erwartung, ohne Aufforderung. Aber sie kann der Beginn einer Heilung sein. Für die Schöpfung, die spätestens im neuen Frühling aus den gespeicherten Kraftreserven wieder beginnt zu treiben und zu sprießen. Und für die Menschen, die diese Stille annehmen, die sie zulassen. Für die Menschen, die zulassen können, dass in und durch diese Stille sich in ihnen ganz leise, ganz langsam neue Hoffnung, neuer Mut und auch neue Kraft aufbauen kann.

17.

Rückzug – Verweigerung oder Bereitschaft zur Veränderung?

Er ist breit, aber nur knapp einen Meter hoch und geborsten, dazu scharf zur Seite gebogen, besser: mit Macht gepresst und aufgerissen. Der Rest der noch vorhandenen Borke gesplittert, abgeplatzt, bis ins Stammholz verwundet. Der Baum muss eine große Salweide gewesen sein, bis, ja bis zur Verstümmelung, bis zu dem Versuch seiner Vernichtung. Links an der Seite aber, kaum daumendick, ein neuer Trieb. Glatt ist seine Rinde, schier, noch makellos. Erste Verzweigungen reckt er nach oben zum Licht, man möchte fast sagen: selbstbewusst, als würde der fast zerstörte Baum in ihm triumphieren.

Die Schöpfung ist eine Meisterin der Anpassung, und zwar eine Meisterin von Weltklasse. Immer offen für neue Erfahrungen, selbst wenn sie negativ sind. Wird ein Landstrich oder der Teil eines Waldes oder ein Fleckchen Erde zerstört – sie beginnt unbeirrt von vorn, auch wenn es eine Zeit dauert, bis neuer Bewuchs, bis neues tierisches Leben wieder entsteht, wächst, einwandert, sich alles neu belebt. Ein paar Samen haben die Zerstörung überstanden und keimen. Einige Körnchen weht vielleicht der Wind herbei. Vom unzerstörten Rand wachsen Wurzeln und Rhizome herein, bilden neue Triebe, beschatten die Fläche und halten so die Feuchtigkeit länger im Boden, so dass weitere Samen keimen können. Dabei reagiert diese Meisterin höchst sensibel auf veränderte Bodenwerte, auf unterschiedliche Licht- und Temperatureinflüsse. Wächst die eine Pflanzenart nicht mehr, dann siedelt sich eben eine andere an. Verändern sich die Lebensbedingungen für die eine Tierart, wandern andere Arten ein. Immer aber ist dabei dieser Impuls stark und unbezwingbar: Leben zu ermöglichen, zu stärken, zuzulassen, anzupassen. Der neue Trieb des Baumstumpfs ist jetzt im Herbst auch ohne Blätter. Aber der Ansatz der Knospen beweist die Kraft, erneut wachsen zu können und den Impuls, wieder stark werden zu wollen.

Von den Menschen wird sie oft als Metapher für einen Niedergang gesehen, diese herbstliche Zeit, als Verfall, oder sie wird als ein Auslösemoment für eine tiefe Sehnsucht nach dem Licht, nach Wärme, nach Liebe verstanden. Dieses dritte Quartal eines jeden Jahres ist die Jahreszeit, in der die dunklen Tage zunehmen und die Farben verblassen und verschwinden. In der die Schöpfung anscheinend den Rückzug antritt. Viele Dichterinnen und Dichter nahmen dies als Bild, als Allegorie. Rainer Maria Rilkes weltweit bekanntes Gedicht „Herbsttag“ zum Beispiel formulierte mit: „Herr, / es ist Zeit, / der Sommer war sehr groß“, eine erste Zeile, die implizit schon vorausnimmt, dass die folgenden Wochen die Größe und Schönheit des Sommers nicht erreichen werden. Oder Christian Morgenstern, dessen Gedicht „Novembertag“ eine Form von Rückzug andeutet, der durchaus auch kontemplativ-spirituell gedeutet werden kann: „Nebel hängt wie Rauch ums Haus, / drängt die Welt nach innen“. Besonders melancholisch formulierte es Georg Heym in seinem

Gedicht „Der herbstliche Garten": „In der sterbenden Gärten Schweigen, / In der goldenen Bäume Verderben". Für die früh verstorbene polnische Dichterin Halina Poświatowska (1935-1967) drückte der Herbst vor allem ihren persönlichen und leidenschaftlichen Hunger nach Leben aus: Blatt / umhülle mich mit Grün / ich bin ein kahler Herbstbaum / zittere vor Kälte ...[21] so die ersten Zeilen eines ihrer Werke.

Kein Neubeginn ohne Rückzug

Es sieht aus wie Sterben und manchmal, beim Gang durch die modernde Laubschicht der Wälder, scheint es auch ein wenig danach zu riechen. Aber ist das wirklich so? Derjenige, der jedes Jahr vom Novemberblues heimgesucht wird, dürfte dieser Zeit zunächst wenig Positives abgewinnen. Aber Rückzug ist nicht automatisch gleichbedeutend mit Tod, mit Sterben, mit einem unwiederbringlichen Verlust. Die Klimazonen der nördlichen Erdkugel machen diesen Rückgang und Abbau notwendig, auch wenn er sich wie ein schmerzlicher Abschied anfühlen kann. Gleichzeitig ist es aber auch die erste Phase einer grundlegenden Erneuerung, denn die Schöpfung lässt ja nicht einfach alles verenden und Schluss. Sie speichert. Sie legt Vorräte an. Sie spart die Kraft für den Neubeginn im kommenden Frühling. Es ist eine umfangreiche, alle Elemente betreffende Schonung der Ressourcen. Ohne diesen Rückzug gäbe es keinen Neubeginn, keinen Aufbruch, keine Reifungsprozesse, gäbe es weder Blüte noch Frucht, weder Vogelgesang noch Schleiereulenflug. Nach und nach wäre da nur noch eine öde, kalte, Leben verhindernde Welt.

Die Schöpfung im Herbst mit all ihren Facetten wahrzunehmen, sie in Ruhe auf sich wirken zu lassen, und zwar nicht nur einmal, sozusagen als Pflichtübung beim routiniert ablaufenden Sonntagsspaziergang, sondern immer wieder – das kann innere Räume öffnen. Innere Sperren, Verweigerungen oder einseitige Blickrichtungen werden plötzlich aufgelöst, umgewandelt, bekommen eine neue Weite. Ein stiller Gang durch einen Park, ein Wäldchen, eine Allee, selbst der ruhige Blick in einen kleinen Vorgarten, so grün-reduziert er über das Jahr auch gewesen sein mag, sich darauf einzulassen, es wahrzunehmen, was dort jetzt für Veränderungen geschehen, das kann im wahrsten Sinne die Augen öffnen. Es kann Fragen laut werden lassen nach den eigenen Ressourcen, nach Vorräten an Kraft und Mut, die vielleicht in den letzten Monaten gesammelt werden konnten. Wie die Vorräte an Stickstoff und Proteinen, die der Alleebaum aus den Blättern zog, um sie in Stamm und Wurzeln einzulagern. Und wenn die Kraft fehlt, wenn die Ressourcen reduziert oder aufgebraucht wurden, darf in solchen Momenten nachgespürt werden, warum. Welche Bedingungen haben sich verändert? Was kostete die meiste Kraft? Oder vielleicht den letzten Funken Mut und Motivation? Der Blick auf den Rückgang der Schöpfung im Herbst kann nicht nur melancholische Stimmungen wachrufen oder ein bisschen trösten. Er kann vor allem Mut machen, die eigenen Vorstellungen und Präferenzen, die geplanten Wege in Ruhe zu überdenken, Irrwege oder falsch eingeschätzte Möglichkeiten klar und nüchtern zu sehen.

Auf die Schöpfung in dieser Jahreszeit schauen, sie betrachten und sie auf sich wirken lassen kann dann trotz allem hoffnungsvoll verdeutlichen, dass sehr viel mehr möglich ist als gedacht. Denn selbst ein Grashalm zwischen den Pflastersteinen vor der Haustür hat in seinem Wurzelwerk, auch wenn es winzig erscheint, Kraft für den Neubeginn gespeichert. Zu sehen ist nichts davon, nur der Rest an vergilbten, abgestorbenen Hälmchen. Aber es ist da. Ebenso wie der unbezwingbare Impuls, irgendwann neu zu wachsen. Diese Kraft, diese Power, dieses wachsen wollen, leben wollen, blühen wollen, es lässt sich nie aufhalten, mögen auch große Veränderungen das eine oder andere ausschließen. Kann die Buchenwurzel nicht links am Gestein vorbei wachsen, dann sucht sie in Ruhe einen Raum, in dem es vielleicht rechts einen neuen Weg gibt. Ist nach unten kein Platz mehr für die Graswurzeln und Brennnesselausläufer – gut, dann überwuchern sie eben Totholz und Kieselsteinhaufen. Diese unbändige Vitalität, diese alles überwindende, unbezwingbare Lebenskraft der Schöpfung kann der wichtige, kann ein entscheidender Impuls sein, nicht aufzugeben und immer wieder neu anzufangen. Für mich sind die täglichen kleinen oder größeren Wanderungen mit Ziegenherde und/oder Herdenschutzhund solche Momente, ganz konkret diese unbezwingbare Vitalität der Schöpfung wahrzunehmen. Zu sehen, wenn nach einem großen Sommer immer mehr Blätter fallen, sie langsam vergilben und verrotten und ich weiß und darauf warten kann, dass neues Leben an dieser Stelle aufbricht, erwächst und vom unbeugsamen Lebenswillen der Schöpfung Zeugnis gibt.

Winter

18.

Winterruhe
Winterstarre
Winterschlaf

Er sieht ein bisschen aus wie Milchsuppe, dieser Himmel, wie Milchsuppe mit Klümpchen. Die ersten Wochen des Winters waren wie gewohnt nass, schlammig und ungemütlich. Doch nun verspricht es kälter zu werden, die Temperaturen sinken und es riecht nach Schnee. Der Himmel da oben signalisiert es schon und nicht nur die Kinder jeden Alters warten sehnsüchtig auf die kalte Pracht. Bald rieseln vereinzelte erste Flocken, verschmelzen mit dem Schlamm am Boden; noch bleiben sie nicht sichtbar. Oder doch? Vielleicht da vorn auf dem breiten Eichenast, bleiben sie da vielleicht schon liegen, schmiegen sich an, diese filigranen Eiskristallschönheiten? Es sind Augenblicke, die lächeln lassen. Es ist dieser eine Moment, wenn der erste Schnee fällt und die meisten Menschen an die jubelnde Freude aus der Kindheit denken beim ersten Schnee. Es ist ein fröhliches Gefühl, obwohl uns in diesen Wochen oft alles so leblos, so deprimiert vorkommt. Aber selbst in einer Jahreszeit, in der alles dem ersten Augenschein nach nicht mehr lebendig ist, selbst da entwickelt die Schöpfung eine faszinierende Vielfalt an Schönheit. Denn Schnee ist nicht gleich Schnee und keine Schneeflocke gleicht einer anderen. Die Bedingungen, welche aus dem trüben Restherbstschmuddelwetter den sanften Fall kristallisierter Luftfeuchtigkeit erwachsen lassen, sind vielschichtig. Vor allem die Umgebungstemperatur, der Prozentsatz der Luftfeuchtigkeit, die Windgeschwindigkeit und die Druckverhältnisse sind bestimmende Faktoren, um diese Preziosen aus Eis sich bilden zu lassen. Der sogenannte Eispunkt, die optimale Voraussetzung, sind 0°C und der Normaldruck an der Erdoberfläche auf dem flachen Land mit möglichst wenig Wind. Und dann rieselt er, fällt sanft und stetig wie Schnürlregen, dabei aber leicht und schnell vergänglich wie Puderzucker oder wie dieser hauchzarte, aufgewickelte, gesponnene Zucker auf dem Jahrmarkt, die Zuckerwatte. Es ist eine eigene Stille in so einer verschneiten Landschaft. Alles ist gedämpft, abgepuffert, als wären alle Laute plötzlich verschluckt.

Verändert aber ist nicht nur der Geräuschpegel. Die Konturen, die Formen, das ganze Erscheinungsbild einer Landschaft kommen deutlicher zum Vorschein. Der Schnee modelliert und hebt das hervor, was nicht nur das Bild dieser Landschaft kennzeichnet, sondern in den geologischen Gegebenheiten, die jetzt zutage treten, wird auch sichtbar, was bestimmend ist für Pflanzenwuchs und Tierwelt. Gebirge, kleine Hügel und Senken, Fels- oder Erdabbrüche, Flussläufe mit kleinen Seen oder Teichen und weite, langgezogene, flache Landstriche – sie haben unterschiedliche Wuchsbedingungen und bieten jeweils vielen verschiedenen Tierarten Luft- und Lebensraum. Dicht belaubte Wälder, blühende Wiesen, Felder mit Getreide oder Kartoffeln, selbst nur spärlich bewachsene Gesteinsformationen – ihre Vegetation verdeckt in den warmen Monaten diese Kontur. Im Schnee wird sie sichtbar. Diese weiße, pulvrige Decke, die auf den ersten (und meist auch letzten Blick) als homogene Masse gesehen wird, als willkommener Untergrund für Schlittenvergnügen und Skiabfahrten, sie ist eine funkelnde Palette an hauchdünnen, transparenten Zerbrechlichkeiten aus Eis, deren Formenreichtum kaum zu beschreiben ist. Kristallografen, die Wissenschaftlerinnen und Wissenschaftler, die den verschiedenen Kristallen der Erde auf der Spur sind, schätzen, dass es mehr als 1000 verschiedene Eiskristallformen gibt. 1000 Formen nur bei den Eiskristallen! Und fast jede ist in der Grundform sechseckig oder sechsarmig. Einige entsprechen den landläufigen Motiven der Weihnachtsdeko, andere bilden lanzenförmige Eisnadeln. Sie können auch trommelähnlich sein oder wie zusammengebackene Kekse wirken. Allerdings: Zwei vollkommen gleiche Eiskristalle soll es dabei aller Wahrscheinlichkeit niemals geben können. Eine Schneeflocke besteht aus mehreren Eiskristallen, die zusammenhaften und je nach Temperatur und Windgeschwindigkeit entweder als Einzelflocke herabschwebt oder im Verbund mit ein paar Millionen anderer Schneeflocken als Schneegestöber oder Schneesturm das Land einhüllt und zudeckt.

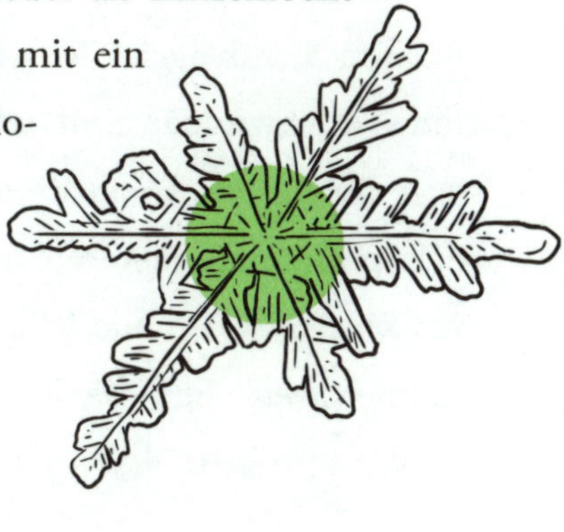

Vielfältige Überlebensstrategien in harter Zeit

Das Bild einer tief verschneiten Landschaft wirkt auf viele Menschen beruhigend. Es hat eine eigene, ganz spezielle Schönheit. Aber was ist mit den Tieren in dieser Zeit? Die Bäume haben ihre Nährstoffe aus den Blättern gezogen und eingelagert. Andere Pflanzen sind abgestorben und geben mit ihrer verrottenden Biomasse Aufbaustoffe in den Boden zurück. Die Völker der Wildbienen, Wespen und Hornissen sind ebenfalls gestorben und nur die Jungköniginnen überleben in sorgfältig ausgesuchten Winterquartieren. Auch andere Insekten sind entweder in den Süden gezogen oder haben sich versteckt in Baumritzen, unter Steinen und Totholzhaufen. Aber Reh und Hase, Igel, Fledermäuse, die große Anzahl von Fröschen, Fischen und Reptilien sowie die Standvögel, die nicht in südliche und warme Gefilde verschwunden sind, was ist mit ihnen? Wie können sie jetzt überleben? In all ihren Abläufen und Phasen hat die Schöpfung auch hier in den vergangenen Millionen von Jahren Mechanismen und Möglichkeiten entwickelt, die ebenso staunenswert wie – bis heute! – rätselhaft sind: Winterstarre, Winterruhe und Winterschlaf, drei biologische Vorgänge, um die harten Wochen, oft auch Monate, um Jahresende und Jahreswechsel bis zum nächsten Frühjahr hin zu überstehen. Leicht ist diese Zeit nicht und darum ist eine menschliche Winterhilfe für manche Tiere unverzichtbar.

Ob Starre, Ruhe oder Schlaf, es sind verschiedene Überlebensstrategien für unterschiedliche Tierarten, die allerdings nicht automatisch das Überleben sichern, denn jeder Zustand ist gleichzeitig mit jeweils anderen Risiken verbunden. Für die Wildbiologin Lisa Warnecke ist das Thema Winterschlaf auch nach vielen Exkursionen und Forschungen immer noch spannend. Neu sei die Winterschlafforschung zwar nicht mehr, schreibt sie in ihrem Buch „Das Geheimnis der Winterschläfer", allerdings seien viele Rätsel noch nicht gelöst: „Schon seit über 150 Jahren fasziniert der Winterschlaf die Wissenschaft; erste detaillierte Untersuchungen zum Beispiel über das Murmeltier wurden schon im Jahr 1938 publiziert. Doch noch immer fragen wir uns: Wie schaffen die Tiere das bloß?"[22] Dabei versucht die renommierte Ökophysiologin zunächst klarzustellen, dass die Bezeichnung Winterschlaf eigentlich nicht ganz korrekt ist. „Der Begriff ‚Winterschlaf' ist denkbar irreführend. Denn erstens schlafen Tiere während dieser Zeit gar nicht, und zweitens muss sie nicht zwingend im Winter liegen. Biologen nennen den Zustand, den Tiere im Winterschlaf eingehen, Torpor. Torpor ist eine kontrollierte Absenkung von lebenserhaltenden Funktionen wie Stoffwechsel, Körpertemperatur und Herzschlag."[23]

Während bei Ringelnatter, Blindschleiche, Laubfrosch und Co. die Körperfunktionen runterfahren, sobald die Außentemperaturen sinken und diese Tiere in eine Winterstarre fallen, regulieren die Winterschläfer den Eintritt in den Zustand des Torpor, des Winterschlafs selbstständig. Igel, Haselmaus, Siebenschläfer ebenso wie die Fledermäuse senken ihre Körpertemperatur weit herab, oft bis unter 10°C, und verlangsamen Herzschlag und Atmung extrem. Die im Herbst angelegten Fettreserven werden nach und nach abgebaut, die Tiere können aber auch von Zeit zu Zeit aufwachen, die Lage verändern sowie Kot und Urin absetzen. Sinken die Außentemperaturen rapide ab, wechseln sie manchmal sogar das Quartier.

Es ist eine erstaunliche Strategie, die oft harten Zeiten der Wintermonate zu überleben. Für den Menschen ist ein Zustand wie der Winterschlaf nicht möglich, was einige sicherlich sehr bedauern. Und doch lädt der Winter den Menschen dazu ein, sich ebenfalls vermehrt Ruhe zu gönnen. Denn ähnlich wie die Reaktionen von Fledermaus, Igel und Siebenschläfer auf sinkende Außentemperaturen und abnehmende Tageslicht-

menge, reagiert auch die innere Uhr des Menschen auf die Winterzeit. Sie geht langsam darauf ein, reduziert bedächtig die Ausschüttung verschiedener Hormone und regelt Blutdruck und Herzschlag sorgsam auf die veränderten Gegebenheiten ein. Nur die Zeitumstellung, diese von Menschen ersonnene, willkürlich veränderte Stundeneinteilung, die irritiert. Sie stört und setzt es bei manchen Menschen enorm unter Stress, dieses fein abgestimmte Sensorium des menschlichen Körpers, welches die innere Uhr genannt wird. Abmildern, den Stress abbauen und Körper und Geist sorgsam einstimmen auf das Ende eines Jahres, dazu helfen unter anderem ruhige Spaziergänge in die verschneite Schöpfung. Spaziergänge, bei denen vielleicht der eine oder andere Gedanke Raum bekommt im Herzen, ein Gedanke an den winterschlafenden Igel im Laubhaufen, den Siebenschläfer im Vogelnistkasten oder an all die anderen Tierarten, die jetzt versuchen, die Zeit zu überstehen.

19.

Winterspuren Wintergäste

Es knirscht. Die Schneedecke ist mattweiß; noch ist sie weiß, denn erst heute in den frühen Morgenstunden hat es aufgehört zu schneien. Hell ist es zwar schon, aber die blasse Wintersonne dringt kaum durch die Wolken hindurch. Es sind Wolken, die aussehen, als hätten sie noch Mengen von Schnee in petto. Am Wegrand eingesponnene Brennnesselhalme mit einem Rest der Samenrispe, umhüllt von gefrorenem Gespinst. Vereinzelt an herausragenden Astgabeln herab gefallene, vertrocknete Vogelbeeren. Immer zu zweit mit einem kleinen Stiel, wie zwei Süßkirschen, wie Ohrringe. Es ist unglaublich still, kein Ton, kein Geräusch, nicht einmal ein leises Säuseln des Windes. Nur das eigene Atmen ist zu hören. Stehen bleiben, Augen schließen, ein paar Mal durchatmen und einfach nur hören lässt das Gefühl aufkommen, hier der einzige Mensch zu sein. Ein paar Schritte weiter die ersten Spuren. Oben auf der Schneedecke wie herübergewischt leichte Furchen neben einer Vertiefung, an deren Grund Abdrücke von Krallen zu erkennen sind. Mäusespuren laufen darauf zu, enden abrupt. Vielleicht ein Turmfalke oder eine Schleiereule, die versucht haben ihren Hunger zu stillen. Beide halten keinen Winterschlaf und bei geschlossener Schneedecke ist es für beide Tierarten schwer, ausreichend Nahrung zu finden. Eine Maus, die über die Schneedecke läuft, ist ein Glücksfall. Für Turmfalke und Schleiereule, nicht unbedingt für die Maus.

Ein Gang am Morgen durch den verschneiten Wald erinnert manchmal an die Suchbilder aus der Kindheit. Man muss ein wenig nach links und rechts schauen und ab und zu auch nach oben in die Baumkronen, die jetzt einen freien Blick gestatten. Neugierig sein, auch mal stehenbleiben und eine Spur, ein aus den Bäumen heruntergefallenes Nest begutachten und staunen, wer und was da alles Lebenszeichen gibt oder hinterlassen hat. Vielleicht fällt einem das Nest des Eichelhähers auf. Flach wie ein Teller, aber mit recht großer Vertiefung in der Mitte für die Eier im Frühling, die ungewöhnlich groß sind und hellblau oder hellgrün gefärbt, mit manchmal kleinen dunklen Flecken. Oder der Eichhörnchenkobel, der sehr hoch zwischen starken Astgabeln gebaut und fein mit Moos und Haaren ausgepolstert wird. Eichhörnchen sind scheu und schnell. Eines dabei zu beobachten, wie es in seinem Kobel verschwindet, ist extrem selten. Ein Hinweis, ob die flinken braun-roten Eichkatzeln mit den witzigen Ohrbüscheln an einem winterlichen Ort vorkommen, sind die Spuren ihrer Füße. Deutlich sichtbar dabei die fünf Krallen, die beste Hilfe der rasanten Kletterer zusammen mit dem buschigen Schwanz, der bei den erstaunlich weiten Sprüngen eine überaus geschickte Steuerfunktion übernimmt. In der

kalten Jahreszeit schlafen sie viel, oft eingerollt und zu zweit eng zusammengekuschelt. Was nicht nur niedlich ist, sondern auch Sinn ergibt, denn schließlich beginnt ab Dezember ihre Paarungszeit.

Ein paar Schritte weiter liegt im Schnee ein Nest, klein, rund und mit regelrecht glatt gebügeltem Innenraum. Es könnte ein Singvogelnest sein, über Frühling und Sommer sorgsam gebaut und ausgebessert, für die anstrengende Brutzeit verwendet und jetzt hat es der erste Schneesturm entsorgt. Auf dem Weg finden sich vielleicht auch Rehlosung und Kaninchenköttel und immer wieder sind Trittsiegel zu sehen, Fußspuren der Tiere sozusagen. Winzige von Maus und Spatz, irgendwie langgezogene von Hase oder Kaninchen, denen man ansieht, wie sie blitzschnell und Haken schlagend über den Weg und die Felder geflitzt sind. Vielleicht aufgrund der schnurgeraden Fuchsspur, die ihre Spuren kreuzt? Der Winter stellt durch die gravierend veränderten Umweltbedingungen andere und sehr hohe Anforderungen an Tier- und Pflanzenwelt. Während alles Grün sich zurückzieht, seine Nährstoffe einlagert, reagieren einige Tierarten mit vermehrten Ruhezeiten oder kräftesparendem Winterschlaf. Für manche Tiere aber ist Paarungszeit und Tragzeit. Wie für den Dachs zum Beispiel. Nach langer Keimruhe der befruchteten Eier beginnt Anfang Dezember die eigentliche Entwicklung der Embryos, sie dauert in der Regel eineinhalb Monate. In dieser Zeit verlässt das Dachsweibchen die Höhle kaum, lebt von den im Herbst angelegten Fettreserven, bis die Jungen im Februar geboren werden.

Der Winter ist hart, vor allem für kranke und geschwächte Tiere. Sie überleben ihn meist nicht, aber dadurch können sich Populationen auch regenerieren und im Frühling neu durchstarten. Der Winter ist bei aller Schönheit auch ein Ausleseprozess, der über Jahrhunderte für gesundes und in der Regel normales Wachstum sorgte. Doch in den letzten Jahrzehnten hat sich diesbezüglich vieles verändert. Beim morgendlichen Gang durch Felder und Wald fallen nicht nur zart eingesponnene Brennnesselrispen auf oder sorgsam verfertigte Vogelnester. Sichtbar wird auch ein krasser Mangel. Wo früher breite Brombeer- und Schlehdornhecken, vielleicht im Verbund mit Wildrosen und Stechpalmen, geschützte Nistmöglichkeiten und gute Winterquartiere bereitstellten, ist jetzt frisch umbrochene Erde. An den majestätischen Waldriesen, den Eichen, sind Sägespuren. Irgendwer hat die dicken Efeuranken durchtrennt und die Efeublätter verdorrten, und damit auch die im Herbst so lebenswichtigen Nektarblüten. Ein Vorgang, der im Sägewerk weniger Arbeit macht. Für Vögel und Insekten aber eine ihr Leben bedrohende Maßnahme in den kalten Monaten. Mischwald ist immer weniger zu finden, dafür wachsen lange Fichten dicht an dicht und beschatten den Boden so sehr, dass vielfältiger Unterbewuchs keine Chance mehr hat.

Der Winter macht den von Menschen verursachten Mangel sichtbar und das wirkt sich nicht nur regional auf Tiere und Pflanzen aus. Wo Leben zu schwierig oder gar unmöglich wird in der Zeit von Frost, Eis und Schnee wandern viele Tierarten. Dass Zugvögel und Schmetterlinge in den Süden ziehen, ist schon lange bekannt. Das aber auch Tierarten aus dem hohen Norden in den mitteleuropäischen Raum einwandern, wird erst langsam einer breiteren Öffentlichkeit bewusst. Seit 2019 zum Beispiel wandern Elche auf der Suche nach neuen Lebensräumen in das Bundesland Sachsen ein.[24]

In unseren Breiten in Norddeutschland finden sich in den Wintermonaten manchmal Bergfinken ein und sogar vereinzelt der Seidenschwanz, Vögel, die nur in die nördlichen mitteleuropäischen Länder kommen, wenn bei ihnen, in Skandinavien und Russland, die Nahrung knapp wird oder fast ganz fehlt. Die Auswirkungen des Klimawandels machen sich hier schon stark bemerkbar. „Änderungen in der Landschaftsnutzung, Monokulturen, zeitliche Verschiebungen der Erntezeiten, hoher Insektizideinsatz und das Verschwinden von Hecken und grünen Korridoren machen vielen Wildtieren zu schaffen. Die Vogelzahlen gehen in Deutschland und Europa seit Jahren dramatisch zurück, vor allem in den Agrarlandschaften."[25] Biologen forschen seit Langem den globalen Wanderbewegungen der Tiere nach, denn an ihnen kann sich wie bei einem Frühwarnsystem zeigen, welche Störungen sich im weltweiten Zusammenspiel der Schöpfung auf dem gesamten Planeten ankündigen oder wo schon Schäden verursacht wurden.[26] Manche Stimmen spielen die Gefahren herunter oder sehen die Folgen des Klimawandels in anderen Ländern und Kontinenten als für unsere Breiten unerheblich an. Wenn aber irgendwann nicht nur Bergfink und Seidenschwanz im Winter oder später sogar das ganze Jahr über in ihren Ursprungsländern prekäre Lebensbedingungen vorfinden, sondern auch die Menschen – was dann?

20.

Kennenlernen – wertschätzen – schützen – Eine Meditation über Schöpfung ist Meditation über die Welt an sich

Jeder Mensch entscheidet sich bedingt durch seine innersten Grundhaltungen für verschiedene Möglichkeiten, sich in dieser Welt einzurichten. Sie als Lebensort zu begreifen. Diese Grundhaltungen sind von Mensch zu Mensch sehr verschieden, aber im Prinzip werden sie bestimmt von existenziellen Prägungen hin auf Mensch und Welt wie zum Beispiel Freude oder Traurigkeit, offenes Interesse oder generelle Gleichgültigkeit, Mut oder Angst. Die Brille, durch die die Welt gesehen wird, färbt alles in einer, man könnte sagen, Primärfarbe: Erscheint mir die Welt grundsätzlich als Geschenk, sehe ich sie eher überwiegend an unter dem Aspekt eines unfreiwilligen Gastaufenthaltes oder benutze ich sie sogar als eine Art bleibend geöffnetem Selbstbedienungsladen? Liegt der mich bestimmende Fokus auf Freiheit oder empfinde ich vieles oder gar alles als Zumutung, als Zwang? Diese Einstellung, die sich als die zu Grunde liegende Prägung auf die Welt und alles, was in ihr ist, in mir gebildet habt, ist tief in meinem Wesen verankert. Sie bestimmt mein Denken, Handeln und auch Fühlen. Vielen Menschen ist das nicht bewusst. Wer spürt und forscht auch schon im stressigen Alltag nach seiner grundsätzlichen inneren Einstellung zur Welt? Aber würde es sich nicht lohnen, dem einmal nachzugehen? Wäre es das Leben nicht wert, meiner diesbezüglichen persönlichen inneren Haltung auf die Spur zu kommen? Es braucht keine besonderen Umstände, niemand muss dafür freie Tage oder gar Urlaub nehmen. Nur die Bereitschaft zulassen, sich einzulassen auf das, was vor den Augen und Ohren wächst und lebt und grünt und blüht und beständig eine leise Botschaft an alle und alles verschenkt, mehr braucht es nicht. Manchmal reicht es schon, ganz einfach damit zu beginnen den Boden unter den Füßen wahrzunehmen. Denn: Selbst Fliesen, Parkett, Steinpflaster, Teer- und Schotterbelag liegen auf einem Untergrund, liegen letztendlich auf lebendigem Boden. Er ist der Grund, auf dem wir leben, und das ist eben keine künstliche Plattform, kein totes Unterland, sondern ein Riesenorganismus, dessen Lebendigkeit selten sichtbar ist oder gar bewusst gemacht wird. Deshalb: Warum nicht einmal in einer freien, ruhigen Viertelstunde einen Flecken nackte Erde suchen und sich anschauen? Selbst wenn dieses Fleckchen zerwühlt, verdichtet, wie tot erscheint – unten drunter geht es weiter. Dieser Grund, auf dem wir Menschen leben, ist zunächst einmal wie eine Haut des Planeten, eine lebensvolle Haut, die sich in Millionen von Jahren gebildet hat. Aber sie ist auch noch mehr, viel mehr.

Bilder lassen Fragen laut werden

Es ist ein Grund, ein Fundament, eine Basis, die überhaupt erst das Leben ermöglicht. So ein kleines Fleckchen Erde anzuschauen, zu betrachten und sich darauf einzulassen, kann Fragen laut werden lassen. Vielleicht endlich einmal laut werden lassen. Die Frage nach meiner Basis, nach meinem Fundament zum Beispiel. Worauf gründet sich meine Weltsicht? Wie stehe ich, im wahrsten Sinne des Wortes: stehe ich in der Welt, auf der Welt? Und zwar grundsätzlich, also weder gerade so im Augenblick, nur so ein bisschen ab und zu oder nur im Rahmen der Familie, der Freunde, des Berufs und anderer menschlicher Beziehungen. Sondern konkret gefragt: in welchem Verhältnis stehe ich grundsätzlich zu dieser Welt?

Hinhören, anschauen, sich auf ein Ding, ein Element der Welt, der Schöpfung in Ruhe einzulassen und sich dabei zu öffnen, kann überraschende Prozesse starten. Nicht nur, weil Fragen laut werden, von denen man ahnt, dass sie schon länger da gewesen sind. Sondern eher, weil innere Ebenen sozusagen in den Blick kommen, mit denen man nicht gerechnet hatte. Diese Vorgehensweise, die eigene Person und die Dinge der Welt einmal auf eine andere Art und Weise zu erfahren, zusammen mit ihren vielschichtigen

Wechselbeziehungen: Das ist Meditation. Und eine solche meditative Erfahrung, zum Beispiel durch das Anschauen, das Betrachten, das Nachsinnen über ein kleines, anscheinend höchst unwichtiges, unspektakuläres Fleckchen Erde, kann eine Fülle an Erkenntnis, an Emotion, ja an Lebensfreude auslösen. Erde, Bäume, Blumen, die ganze Bandbreite der uns umgebenden Schöpfung zu betrachten, sie zu meditieren ist eine Seh-Schule, eine höchst intensive Wahrnehmung mit allen Sinnen, die im eigenen Leben einen Widerhall findet, eine Ähnlichkeit wahrnimmt, eine Analogie aufleuchten lässt. Es ist nicht in erster Linie ein Verstehen, ein logisches, rationales Nachvollziehen mit dem Verstand. Es ist ein Begreifen von Welt, von Schöpfung und von der eigenen Person mit allen Sinnen.

Allein dieses Grün in Frühjahr und Sommer! Was bietet die Schöpfung da für eine Vielfalt an Schattierungen und Farbnuancen an! Sich in einer ruhigen Stunde darauf einzulassen, ist nicht nur rein physisch eine große Entspannung. Der Farbton Grün hat den Effekt, den Körper, besonders die Augen zu entspannen. Seit Jahrzehnten ein Forschungsprojekt der Biologen (Stichwort: Biophilie) greifen ihn zurzeit ebenso Arbeitspsychologen und Architekten auf bei der Umgestaltung von Büros und Wohnräumen. Aber dieses Grün der Schöpfung einmal anders als „nur" zur körperlichen Entspannung einzusetzen, führt weiter und vor allem tiefer. Sich zu vergegenwärtigen, dass in dem Moment, in dem ich einen Grashalm, einen Ast mit einem Blatt, eine Baumkrone betrachte und auf mich wirken lasse, dass genau in diesem Augenblick ein höchst effizienter tausendfacher Kohlendioxyd-Sauerstoff-Austausch stattfindet, der es mir persönlich und konkret erlaubt, hier vor diesem Grashalm, vor diesem Blatt am Ast, unter dieser Baumkrone zu stehen und jetzt atmen zu können, diesen Sauerstoff tief in meine Lungen zu holen – ist das nicht ein Moment des Staunens und der tiefen Dankbarkeit? Und die Luft, die mich umgibt – ob es frische Waldluft ist oder der Moment am offenen Fenster, der mich nach einer anstrengenden Arbeit durchatmen lässt; egal in welchem Land, in welcher Region ich lebe, unwichtig, welche Uhrzeit es ist – immer ist sie ausreichend da, steht mir der lebensnotwendige Sauerstoff zur Verfügung. Ohne, dass ich etwas dazu tun muss.

Aber Schöpfungsmeditation, dieses liebende Aufmerken, dieses sich Einlassen auf die Vielfalt und Schönheit der Schöpfung, die uns umgibt, sie öffnet nicht nur neue innere Ebenen in mir und für mich.

Beziehungen und Positionen

Leben ist Vielfalt, nicht nur im Blick auf die faszinierende Fülle der nichtmenschlichen Schöpfung. Keine Blüte gleicht der anderen, kein Grashalm einem anderen. Ebenso gleicht kein Mensch dem anderen; selbst eineiige Zwillinge unterscheiden sich in Details, auch wenn diese sehr klein und verborgen sein können. Wie sehr der Blick auf eine Blüte gerade diese Tatsache bewusst machen kann, lohnt es einmal auszuprobieren. Natürlich, die Blüten einer Rose oder eines Schwarzen Holunderstrauchs bezaubern mit ihrer Farbe und Form und ebenso mit ihrem Duft. Schönheit begeistert und berührt und öffnet die Sinne. Ein meditativer Blick dringt noch tiefer. Nach und nach wird er die Beziehungen der Blüte, der ganzen Pflanze mit ihrer Umgebung wahrnehmen. Die Drehbewegungen zum Beispiel, bei der die Pflanze ihre Blüten dem Sonnenlicht folgen lässt. Rankgewächse, die zielstrebig mit ihren Haftwurzeln an der rissigen Rinde eines Baumstammes den Weg nach oben suchen und deren Blüten sich girlandengleich für spezielle Insekten öffnen. In Ruhe zu beobachten, wie eine Hummel ihre fädchendünne, lange, rote Zunge aus dem Rüssel herausschiebt und den Nektar einer Wiesen-Witwenblume aufschleckt und dabei mit den hellroten Pollenkörnern bestäubt wird, das lässt einen Menschen zunächst einfach einmal lächeln. Verfolgt man aber den Flug dieses kleinen pummeligen Insektes weiter von Blume zu Blume, wird einem bewusst, was für einen beeindruckenden Austausch es auf einer Blumenwiese gibt, selbst wenn sie nur vorgartengroß einige wenige Quadratmeter misst.

Dieses fein abgestimmte Zusammenspiel von Insekten und Blumen, es ist eine Gemeinschaftsaufgabe, um allen, die daran beteiligt sind, Leben zu ermöglichen: Blüten bieten Nahrung an, die von einem Insekt aufgenommen wird, die dabei diese Blüte befruchtet und weiterhin ebenfalls auch andere Blüten, die dadurch Früchte ausbilden und sich so vermehren können, während diese Früchte wiederum für Vögel, Haselmäuse, Eichhörnchen, Wildkaninchen, Fuchs und Hase und Wildschwein als Futter nutzbar werden. Nicht zu vergessen die unglaubliche Bestäuberleistung der Insekten bei den Pflanzen, die der menschlichen Nahrung dienen. Es ist ein Geben und Nehmen und alle sind aufeinander angewiesen.

Eine Zeit der Betrachtung am Rande einer bunten, duftenden Blumenwiese zu verbringen, lässt dann vielleicht ein Bild entstehen, eine Frage laut werden, lässt vielleicht eine Parallele im Herzen aufsteigen: Was ist meine Aufgabe im Verbund der Menschen? In der Gemeinschaft deren, die mit mir zusammenleben? Lasse ich zu, dass andere mit mir, vielleicht durch mich oder sogar von mir leben? Bin ich bereit, mich für Aufgaben in der Gemeinschaft zur Verfügung zu stellen? Ob am Rande einer Blumenwiese, im Wald oder in den Biotopen der kleinen Teiche, der Flüsse oder des Meeres – überall ist dieses Grundprinzip der Schöpfung wahrnehmbar, spürbar, sichtbar: Jedes Element dieser Schöpfung, jede Pflanze, jedes Tier, jede Bakterie und Amöbe, alles ist in einem ungeheuren Zusammenhang, in einer existenziellen Verbundenheit und lebt aus ihr und für sie. Schöpfungsmeditation öffnet Schritt für Schritt das Gespür, den Blick für dieses Ganze der Wirklichkeit. Dieser andere Zugang auf die Welt hilft gleichermaßen zu begreifen, dass der Mensch zu dieser Schöpfung nicht nur gehört, sondern ebenso tief eingebunden ist in das Dasein und die existenziellen Verbindungen zwischen allen und allem. Auch der Mensch ist Schöpfung.

Alles ein unverdientes Geschenk

Aber ebenso wie letztendlich nichts in der Schöpfung vom Menschen gemacht werden kann, sondern da ist, geschaffen wurde, wie ein unverdientes Geschenk, so auch der Mensch selbst. Auch er hat sich nicht selbst erschaffen, selbst gemacht, ist nicht aus dem eigenen Willen gemacht und entstanden. Jeder Mensch weiß es, ob es ihm bewusst ist oder nicht: Es gab keine Verpflichtung, keinen Zwang, keine Notwendigkeit ihn entstehen zu lassen. Und doch ist er. Und doch ist darum auch jeder Mensch ein Geschenk, ein Geschöpf unter Geschöpfen im weiten Raum der Schöpfung. Dieses Geschöpf-Sein, diese Geschöpflichkeit ist wie eine Signatur des Menschen. Wenn aber alles erschaffen wurde, alles Schöpfung, alles Geschenk ist, gibt es einen, der schenkte und weiterhin schenkt. Der erschafft und der der Schöpfer ist dieser Faszination Welt, die zugleich ein staunenswertes Geheimnis ist.

Dem katholischen Theologen Karl Rahner wird ein Zitat zugeschrieben, dass als Hintergrund diesen Reichtum an Geschaffenem birgt und es als ein geheimnisvolles Hervorgehen aus dem Ursprungsgeheimnis erkennt. „So aber geraten wir mitten in der nüchternen Alltäglichkeit des Lebens doch immer vor das Geheimnis, das unendlich ist, das immer da ist und sich immer unberührbar entzieht. Wir heißen es Gott."

Die Schöpfung zu meditieren und sich als ein Teil dieses geschaffenen und geschenkten Reichtums zu begreifen, heißt durchaus, sich daran zu freuen. Ohne Zweifel! Aber nicht nur! Damit verbunden ist genauso eine Verantwortung. Zu begreifen, welche Schönheit und Faszination sie vor unseren Augen, Ohren, vor all unseren Sinnen ausbreitet und ausstrahlt, zu erkennen, wie tief alles mit allem zum Wohl aller verbunden ist, heißt auch dieses Alles zu schützen. Aber wahrhaft und nachhaltig schützen bedingt immer, das, was ich schützen will zu kennen und es wertzuschätzen. Nur was ich kenne, kann ich wertschätzen. Nur was ich wertschätze, schütze ich. Die Freude an der Schönheit der Schöpfung im Verbund mit dem zunehmenden Wissen heute um ihre Gefährdung müsste der stärkste Impuls sein, etwas an dieser Gefährdung zu ändern. Eines wäre konsequente Bildung aller Schichten in der Gesellschaft, um mehr von dieser Fülle erahnen und auch wissen zu können. „Die Umweltbildung mit ihrem Blick auf den verantwortlichen Umgang mit Ressourcen und die kulturelle Bildung mit ihrer Ergebnisoffenheit für neue Perspektiven und Lösungswege sind eine entscheidende Grundlage zum Verstehen, zum Sehen der Welt."[27]

Zudem entsteht eine besondere Verantwortung des Menschen für seine Umwelt auch daraus, dass er nicht allein auf diesem Planeten lebt. Genau wie die biologischen Zusammenhänge in einer Blumenwiese, im Wald oder in Teichen, Flüssen und dem Meer sind auch wir Menschen nicht nur für unserer eigene Lebenszeit verantwortlich. Für die nachwachsenden Generationen ist unsere Erde genauso ein Geschenk wie für die heute lebenden Bewohnerinnen und Bewohner, und ihre Schönheit und Fülle, ihre Lebensgrundlage weiterzugeben ist keine mögliche Option, sondern bedingungslos auszuübende Pflicht!

Durchlässiger werden für ...?

Schöpfungsschönheit wahrnehmen, ihre Fülle mit allen Sinnen spüren und die daraus erkannte Verantwortung übernehmen – Schöpfungsmeditation bietet eine große Palette an Erfahrungen, die weit darüber hinaus gehen, was bei vielen bis heute das Bild dieser Meditationsform prägt: Blümchen bewundern und Bäume umarmen. Aber sie ist wesentlich mehr! Sie ist eine Meditationsform, die jedem Menschen zugänglich ist und eine Hilfe anbietet zu mehr Lebensfreude und Lebenskraft. Man muss es nur über einen längeren Zeitraum probieren. Ja, probieren! Es versuchen, prüfen, verkosten, den Geschmack daran feststellen, besser: Geschmack daran finden. Manchmal dauert das eine Zeit. Aber wie alle menschlichen Vollzüge, die etwas mehr Mühe und Aufwand brauchen, ist der Gewinn groß und bleibend. Eines aber wird der, der es versucht, der nicht so schnell aufgibt, nach einiger Zeit ebenfalls verblüfft, staunend und beglückt wahrnehmen: Die Offenheit für Gott, die Erkenntnis seiner Liebe zur Welt und zu den Menschen wird wachsen. „Das Dasein der Welt ist Ausdruck der Güte Gottes", wie es der evangelische Theologe Wolfhart Pannenberg schrieb.[28] Schöpfungsmeditation ist darum ein leichter, wenn auch kein kurzer oder gar kurzweiliger Weg Welt, Schöpfung, Menschen und sich selbst besser und tiefer zu verstehen. Derjenige, der es versucht und ein kleines bisschen hartnäckig bleibt, wird langsam, leise und nachhaltig gottdurchlässiger werden.[29] Durchlässiger, sensibler werden für den, der das Leben auf diesem kostbaren blau-grünen Edelstein inmitten des Alls, unserem Planeten Erde, schenkt in überschäumender, berauschender Fülle. Weil er das Leben selbst ist.

Maria Anna Leenen

Literatur zu den einzelnen Themen (Auswahl):

Boden

Erde in Not. Die heimliche Bodenkatastrophe. Gerth M. Neugebauer, Wien 2017

Zerbrechliche Erde. Wie Natur und Mensch die Welt verändern. National Geographic. Mit einem Vorwort von Sir Ranulph Fiennes, OBE.
Hamburg 2007

Der Boden. Bedrohter Helfer gegen den Klimawandel. Susanne Dohrn, Berlin 2019

Wasser

Warnsignal Klima: Genug Wasser für alle? J.L. Lozán, H. Graßl, P. Hupfer, L. Menzel, Ch. D. Schönwiese (Hg.) Hamburg 2005

Vögel

Vögel füttern – aber richtig. Das ganze Jahr füttern, schützen und sicher bestimmen. Peter Berthold, Gabriele Mohr, Stuttgart 2006

Insekten

Bienen, Hummeln, Wespen im Garten und in der Landschaft. Helmut Hintermeier, Bayrischer Landesverband für Gartenbau und Landespflege e.V. (Hg.) München ^{2}1997

Bienenfreundliche Pflanzen. Das Pflanzenlexikon für Balkon und Garten. Bundesministerium für Ernährung und Landwirtschaft. Kostenlose Broschüre, zu beziehen über www.bmel.de

Wir tun was für Bienen. Wildbienengarten, Insektenhotel und Stadtimkerei, Cornelis Hemmer, Corinna Hölzer, Stuttgart ^{2}2017, s. auch www.deutschland-summt.de

Die Erforschung der Bienenwelt. Neue Daten – neues Wissen, Jürgen Tautz, Eine Zusammenarbeit der Audi Stiftung für Umwelt GmbH Ingolstadt und Klett MINT, Stuttgart 2019

www.Wildbiene.com

www.Stockhaus-Keramik.de

www.bienenfuettern.de

www.hortus-insectorum.de

http://freethebees.ch

Ein Garten für Insekten. Schmetterlinge, Libellen und andere Wirbellose fördern, beobachten und schützen. Anita und Norbert Schäffer, Wiesbaden 2019

Fledermäuse

Ein Garten für Fledermäuse. Lebensräume schaffen im naturnahen Garten. Dirk A. Diehl, Darmstadt ^{2}2019

Fledermäuse. Beobachten, erkennen, schützen. Klaus Richarz, Stuttgart 2004

Fledermaus ganz nah – Die Geschichte eines Nachtjägers. Ingrid Kaipf. München 2019

Wald

Das geheime Leben der Bäume. Peter Wohlleben. München ^{11}2015

Der Kosmos-Waldführer. Ökologie, Gefährdung, Schutz. Eva und Wolfgang Dreyer, Stuttgart 2019

Winterschlaf

Das Geheimnis des Winterschlafs. Lisa Warnecke, München 2017

Evolution

Eskapaden der Evolution. Matthias Glaubrecht, Stuttgart 2021

Grenzenlos. Die erstaunlichen Wanderungen der Tiere. Francesca Buoninconti, Wien-Bozen 2021

Tiere auf Wohnungssuche. Ratgeber für mehr Natur am Haus. Mit einem Vorwort von Horst Stern, Berlin 1993

Theologie und Schöpfung

Wenn sich Tiere in der Theologie tummeln. Ansätze einer theologischen Zoologie. Mit einem Beitrag von Jane Goodall, Rainer Hagencord (Hg.), Regensburg 2010

Schöpfungstheologie und Schöpfungsspiritualität. Ein Blick auf die Theologin Sally McFague. Margit Eckholt, München 2009

Unterwegs nach Eden. Margit Eckholt / Sabine Pemsel-Maier (Hg.), Ostfildern 2009

The Body of God. An Ecological Theology. Sallie McFague, Minneapolis, 1994 (Original in englischer Sprache, eine Übersetzung ist zurzeit in Arbeit)

Wissenschaft und die Frage nach Gott. Theologie und Naturwissenschaft im Dialog. Andreas Losch, Frank Vogelsang (Hg.) Mit einem Geleitwort von Harald Lesch, Bonn ^{3}2018

Und Gott sah, dass es gut war: Eine Theologie der Schöpfung, Dirk Ansorge, Medard Kehl, Freiburg ^{3}2019

Jahrbuch für Biblische Theologie, Natur und Schöpfung, Band 34, Bernd Janowski, Günter Thomas (Hg.), Göttingen 2021

lieben und arbeiten. Eine Theologie der Schöpfung. Dorothee Sölle. Stuttgart 1985

Enzyklika Laudato Si‘ von Papst Franziskus über die Sorge für das gemeinsame Haus. 24.Mai 2015, Libreria Editrice Vaticana, hg. vom Sekretariat der Deutschen Bischofskonferenz, Bonn 2015

Die Schöpfung. Philosophische Wege zum Erleben der Welt. Frieder Lauxmann, München 2004

Zur Autorin

Maria Anna Leenen, *1956 in Osnabrück, lebt seit 1994 als Diözesaneremitin im Bistum Osnabrück. Sie arbeitet als freie Autorin, Schwerpunkte ihrer Publikationen sind Themen aus den Bereichen Spiritualität / Umwelt / Theologie. Sie lebt in der Klause St. Anna zusammen mit zurzeit neun Zwergziegen, einer alten Katzendame, einem jungen Kater und seit neuestem mit einer spanischen Herdenschutzhündin, einer Mastin Espanol Mischlingshündin namens Curazon. In den letzten Jahren hat sie zusammen mit dem Förderverein der Klause (Förderverein Klausenkapelle St. Anna, siehe Link auf S. 236) begonnen, auf dem ganzen Gelände zahlreiche Nist- und Überwinterungshilfen für Vögel, Fledermäuse, Igel und Insekten zu bauen und anzubringen sowie die Gebäude ökologisch nachhaltig zu renovieren. Die Realisierung weiterer Ideen zu Klima- und Artenschutz ist geplant, vor allem der Aufbau einer großen Insektennistwand in Verbindung mit dem Pflanzen von Obstbäumen und blühenden Sträuchern.

Weitere Informationen, Videos und Interviews: www.maria-anna-leenen.de. Informationen zum eremitischen Leben in Deutschland: www.eremiten-in-deutschland.de

Der Förderverein Klausenkapelle St. Anna e.V. findet sich im Internet unter: www.klausenkapelle.de

Zahlreiche Buchpublikationen und Veröffentlichungen:

Zuletzt: Ganz weit draußen, Roman, Asslar 2016, nachtstill geplündert, Gedichte, Würzburg 2016, Einsam und allein. Eremiten in Deutschland, Regensburg ^{3}2017, Ziegen wie du und ich, Asslar 2019. 2022 erscheint im Verlag Patmos ihr Tagebuch der Einsamkeit.

Im Verlag Bonifatius Paderborn sind von ihr bis jetzt erschienen: 3x7 Zusagen des Glaubens: Von Ziegen lernen heisst Leben lernen, 2014; 3x7 Zusagen des Glaubens: Einsamkeit schafft Raum, 2014; Musik meines Lebens. Impulse für ein Leben mit Gott, 2020.

Endnoten

1 Dorothee Sölle, lieben und arbeiten. Eine Theologie der Schöpfung, Stuttgart 1985, 12
2 Eleanor Radcliffe, University of Surrey
3 Auf diesen Gedanken brachte mich eine verblüffende und sehr interessante Dokumentation bei youtube: Das Geheimnis des Wassers https://www.youtube.com/watch?v=4nYDYxXy0-U
4 Kluge Etymologisches Wörterbuch der deutschen Sprache, 23. Ausgabe 1999,341
5 Heinrich Schipperges. Hildegard von Bingen, München ^{2}1995,65
6 Ebenda, 67
7 Das geheime Leben der Bäume. Peter Wohlleben, München ^{11}2015, 200
8 Ebenda 201f
9 Die Erforschung der Bienenwelt. Neue Daten-neues Wissen. Jürgen Tautz, Stuttgart 2019,59
10 Ebenda, 78
11 Klaus Richarz, Fledermäuse, beobachten, erkennen und schützen. Stuttgart 2004, 29
12 Alastair Fitter, Blumen: Wildblühende Pflanzen; Biologie+Bestimmen+Ökologie. Übersetzt und bearbeitet von Lars Neugeborn, Hamburg-Berlin 1987, 8
13 Margit Eckholt, Schöpfungstheologie und Schöpfungsspiritualität. Ein Blick auf die Theologin Sallie McFague, München 2009, 7
14 Übersetzung Maria Anna Leenen
15 https://www.abendblatt.de/region/norderstedt/article107657868/Admirale-flattern-ueber-die-Alpen.html, https://www.nzz.ch/wissenschaft/insekten-ziehen-im-herbst-hunderte-kilometer-in-winterquartiereld.1579113 s. auch Video über den Admiralsflug: https://www.youtube.com/watch?v=zo7itI0hnjU
16 Ein Garten für Fledermäuse, Dirk A. Diehl, 26
17 https://ethz.ch/de/news-und-veranstaltungen/eth-news/news/2020/11/was-laubblaetter-im-herbst-altern-laesst.html
18 https://naturwald-akademie.org/waldwissen/waldtiere-und-pflanzen/baeume-tauschen-sich-aus/
19 ebenda
20 ebenda
21 Halina Poswiatowska. Immer wenn ich leben will. Gedichte über die Liebe und den Tod. München 2002, 73
22 Lisa Warnecke. Das Geheimnis der Winterschläfer. Reisen in eine verborgene Welt. München 2017, 12
23 Ebenda 13
24 www.elch-sachsen.de
25 Lisa Warnecke. Das Geheimnis der Winterschläfer, 20
26 https://www.icarus.mpg.de/13789/fruehwarnsystem-der-tiere
27 Olav Zimmermann, Geschäftsführer des Deutschen Kulturrates, Politik und Kultur Nr. 6/21, 17
28 Wolfhart Pannenberg, Systematische Theologie Bd. 2, Göttingen 1991, 35
29 Der Begriff gottdurchlässiger werden stammt von Gotthard Fuchs aus einem Interview mit dem Publik Forum und bezieht sich auf den Rundbrief der Gesellschaft der Freunde christlicher Mystik e.V., 2/2020

Bildnachweis

S. 3, 5, 11, 17, 26/27, 29, 41, 48, 63, 73, 78/79, 81, 89, 125, 130, 131, 134, 135, 137, 144, 215, 228: mamita/shutterstock, S. 9, 51: Tania Anisimova design/shutterstock, S. 35, 55: Turaev/AdobeStock, S. 36: acrogame/AdobeStock, S. 39: Yudina Anna/shutterstock, S. 43, 52/53, 91: Basicmoments/AdobeStock, S. 46: natalia9/AdobeStock, S. 57, 104: jenesesimre/AdobeStock, S. 58/59: Graphic Goods/AdobeStock, S. 65: airmel/AdobeStock, S. 71: Danussa/AdobeStock, S. 84: Morphart/AdobeStock, S. 85: kseniakr/AdobeStock, S. 96: la_puma/AdobeStock, S. 97 oben: valeriyabtsk/AdobeStock, S. 97 unten, 107, 123, 150, 197, 201: jenesesimre/AdobeStock, S. 99: iadaart/AdobeStock, S. 101: Ecaterina Sciuchina/AdobeStock, S. 110, 111: niakc10/AdobeStock, S. 112, 181: - Bitter -/AdobeStock, S. 115, 147: artbalitskiy/AdobeStock, S. 117: aksol/AdobeStock, S. 118: b.illustrations/AdobeStock, S. 129, 160: Maria.Epine/AdobeStock, S. 142/143: RYGERSZEM/AdobeStock, S. 153: val_iva/AdobeStock, S. 156: kusuriuri/AdobeStock, S. 157, 189: julkapulka13/AdobeStock, S. 165, 172: natality/AdobeStock, S. 170: MicroOne/AdobeStock, S. 175, 178, 202, 210, 223: marinavorona/AdobeStock, S. 185: desertsands/AdobeStock, S. 194/165: Lisla/AdobeStock, S.204: Hein Nouwens/AdobeStock, S. 207: dinkoobraz/AdobeStock, S. 221: wandapelin gmail com/AdobeStock

Die Autorin wurde gefördert durch:

NEU START KULTUR

VG WORT

Die Beauftragte der Bundesregierung
für Kultur und Medien

Bibliografische Information der Deutschen Nationalbibliothek:
Die Deutsche Nationalbibliothek verzeichnet diese Publikation in der Deutschen Nationalbibliografie; detaillierte bibliografische Daten sind im Internet über http://dnb.d-nb.de abrufbar.

Klimaneutrale Produktion.
Gedruckt auf umweltfreundlichem, chlorfrei gebleichtem Papier.

MIX
Papier aus verantwortungsvollen Quellen
FSC® C083411

Klimaneutraler Druck
firstclimate

Umschlaggestaltung: Weiss Werkstatt München, *werkstattmuenchen.com*
Titelbild: mamita/shutterstock
Satz- & Innengestaltung: Melanie Schmidt, Bonifatius GmbH, Paderborn
Druck und Bindung: CPI books GmbH, Leck
Printed in Germany
ISBN 978-3-89710-912-4

Weitere Informationen zum Verlag:
www.bonifatius-verlag.de

Maria Anna Leenen

FÜLLE

Die schöpferische Kraft der Natur

Weisheiten einer Eremitin

BONIFATIUS